袈裟裡的故事

高僧傳（上）

957-13-1167-7

原著者簡介

高僧傳

慧皎——梁朝高僧，浙江省上虞縣人。博習經典律論，對於內（佛典）、外（佛典以外）各種學問，均能融會貫通。一生常依止於會稽嘉祥寺。春秋二季宏法利生，每年秋冬二季埋首著述。有高僧傳、涅槃經疏、梵網經疏等書傳世。

道宣——唐高僧，俗姓錢。生有夙慧，九歲就徧讀羣書，十七歲落髮爲僧。二十歲跟從智首法師學律。及玄奘大師歸自西域，翻譯佛經，宣任「筆受」、「潤文」工作，被推爲上首。一生誓志弘律，被尊爲南山律宗之祖。著有續高僧傳、廣宏明集、四分律行事鈔等書。

編撰者簡介

熊琬

民國三十六年生
學歷：臺灣大學中文學士，輔仁大學中文碩士，政大中文博士。
現任：政治大學中文系副教授。
著作：「宋代理學與佛學之探討」。

致讀者書

親愛的讀者諸君：

「高僧傳」一書，不知者驟觀之，以爲：這本書所記載的，恐怕都是些超塵脫俗、高不可攀，且富有傳奇性，或純屬戲劇性的人物罷！如果您用這種眼光來看它，那就大錯特錯了。就實際說來，高僧傳乃是一部集合許多具有很高成就的出家僧人之傳記。我們從這些涉有傳奇性的事跡中，可看出每一位高僧都具有高超的智慧與修養。其所以能有如此成就者，全從敦倫盡份，克盡人道作起。乃是以世間之「凡情」爲根本，而成就出世之聖果的。他們之所以受人景仰，並不在於奇傳本身，而在其具有堅苦卓絕的奮鬪精神，與堅毅不移爲法忘軀的信念。故能脚踏實地，默默地由下學而漸進於上達。惟其具有「難忍能忍，難行能行」的涵養工夫，所以方能孕育出「爲人所不能爲」的高僧。他們是以出世之修養，行入世之事業——六度萬行。惟其如此，始克荷擔大法，任重而道遠。在思想領域上，他們啓迪了人類的心靈，牖導了人類的良知。因此他們對世間的貢獻，是蘊有極積極之意義的。

「高僧傳」原有初、二、三等集，網羅漢魏以迄明、淸之傑出僧人。因篇幅所限，本書精選其中若干最具代表性之僧人，加以譯述：如西行求法，百折不撓的——玄奘大師；獨具慧解，感動頑石的——道生法師；火化焚身，舌根不爛的——鳩摩羅什；精勤修持，卅載跡不入俗的——慧遠大師等諸僧，乃其尤彰明較著者也，其他不暇一一殫舉。我們從他們的事跡中，當可證知，佛法本是平等性的，而非對立性的；是容他性的，而非排他性的。惟其如此，所以能與其有共通性——博大精深、兼容並蓄的——中國文化，滙合成波瀾壯濶的一股滔滔洪流，歷久而彌新也。

高僧之所以可貴，除了具有淵博的學識，與超人的睿智外，在人格上更塑造成諸多典型的模範。際此物慾橫流，功利氣燄鴟張的時代裏；這部高僧傳，不啻是一股清流，足以滌盡凡慮、袪除百沴。在趣味性極高的傳奇上，不僅能涵養性靈，並能體味出人生之眞諦；從富有曲折變化的情節裏，非但可以獲得豐富的典故，且更能悟解出做人處事的態度與依準。更從而建立起一個正確的人生觀。

總之，本書在介紹各高僧多彩多姿生平事跡之餘，並將其精神特色及其對佛法之貢獻，或在中國佛教史所佔之地位，隨文加以闡述。所以這部高僧傳，除含有高度趣味性外，並還蘊藏著中國傳統崇高的教育精神與哲學素養。同時在寓教於樂的原則下，俾讀者在備感親切之餘，自必多所啓悟，此則筆者區區之微意矣！

熊琬

目錄

高僧傳（上）
袈裟裏的故事

高僧傳（下）袈裟裏的故事

前言

本編所譯「高僧傳」，是依據梁沙門慧皎的高僧傳、唐沙門道宣的續高僧傳、及宋沙門贊寧的宋高僧傳（即高僧傳初、二、三集）等書，而改編的。改編本是個吃力不討好的工作，譽之者說它是「創作」，譭之者說它是「抄襲」。不論是譭是譽，改編的工作，在當今確是刻不容緩的。就本編來說，它賦有改寫與翻譯雙重意義，其中翻譯的比例所佔雖多，但創意與發揮己見之處，亦自不少。玆將改寫之意義臚列數端於後：

一、梁、唐諸高僧傳的文字艱深，不易領解。文字本爲達意之用，不同時代之文字，其達意方式，自必多所不同。高僧傳原典之文字，與佛經類似。其文體亦特殊，非但與現代語體不同，甚至與一般文言也有區別。若不加以改寫成較適合今人口味之文字，則縱使價值再高，也將被人束諸高閣，永爲塵封矣！

二、因佛理深奧，不易理解，專有名詞觸目皆是。縱使素具文言素養之士，亦每多隔閡，何況一般人士呢？凡如此類，自不得不詳予說明。

三、自佛法傳入中國，迄今二千年，其中不免產生許多誤解。其誤解或起於華夷之別，而生入主出奴之見。或基於個人主觀之偏見（如：凡宗教皆迷信之類），或因平日所接觸者，爲帶有迷信色彩的民間神道教，而誤以爲卽此便是佛法眞象。或基於某些人爲因素（如見極少部份僧人之不守戒律），而對佛法產生懷疑。總之，無不是因對佛法的不瞭解，以致發生以偏概全之誤解。對於這些誤解，更不得不隨事予以澄清。

四、有許多高僧事跡，早已成爲膾炙人口的典實。如：「生公說法，頑石點頭」，出自道生法師。「西域取經，降伏羣魔」，出自玄奘大師。「洞門立雪，斷臂求法」，出自神光大師。「本來無一物，何處惹塵埃」，出自六祖慧能。如此之類，不勝枚擧。他們的事蹟或思想，早已成爲中國文化不可分割的一部份。然而其中，或一鱗半爪，知之未審；或穿鑿附會，全失其眞。欲求詳其原委，盡其曲折，存其意而得其實，則可於茲編中一一探索之。

五、改編之目的，固在普及化，趣味化，與現代化。固因時代之需要，應運而生。但絕不意味將貶低原典之價值，原典文字優美雅馴，欲事翻譯，其艱苦固不待言。本編原以取便初學，以一般大衆爲主。若欲作進一步之探討，則原典具在。

改寫之意義旣如此，其工作，實非「註釋」但以考據爲功者可比。茲將本書改寫之體例與原則條列於下，亦可見其艱難之一斑矣：

一、昔者翻譯大師嚴幾道先生，論譯事，有三難：一曰「信」、二曰「雅」、三曰「達」。「信」者，言不失眞；「雅」者，語不濫俗；「達」者，文不艱澀。此固就譯英爲漢而言，文言之翻譯爲語體，其難亦猶是也。因文言之句法、語氣，用字用詞，悉與語體迥異，況原典與一般文言又迥乎不同。假若譯文全用語體，則原文韻味全失，形貌亦不類。反之，假若全用文言，則直同未翻，豈非徒勞無補。本來語體、文言二者，各有勝境，今爲儘量存其精神計，縱筆所至，有時不得不參用文言。文、語夾雜之譏，亦不敢辭。

二、本篇排列諸高僧之次第，除依照年代前後外，並依佛學八宗——法性宗、法相宗、天臺宗、華嚴宗、禪宗、淨土宗、律宗、密宗——爲之分門別類。如：法性宗（卽三論宗）以嘉祥大師爲代表，法相宗（卽慈恩宗）以窺基大師爲代表，天臺宗以慧思、智者二大師爲代表，華嚴宗（卽賢首宗）以清涼大師爲代表，禪宗以慧可、慧能二大師爲代表，淨土宗以慧遠、善導、法照、少康等大師爲代表，律宗以道宣律師爲代表，密宗以善無畏、金剛智、不空（開元三大士）爲代表。而並分別簡介各本宗之學說，所以取理事圓融之意，俾便雅俗共賞、道俗咸宜。其中華嚴與天臺兩宗思想因最具中國佛學特色，故介紹獨詳。（其他或因學理太繁或不適宜正文者，概未收入。）

此外，有關翻譯大家之代表，則收鳩摩羅什（三論宗導師）、玄奘（法相宗導師）二大師；顯通度化，則收佛圖澄大師；橫渡流沙，則取法顯爲代表。貫穿儒佛，則取憨山大師爲代表；釋門眞孝，則取蕅益大師爲代表。機鋒轉語，則有趙州從諗、大珠和尚；遊戲生死，來去自在，則有洞老禪師；悔過精進，則有悟達國師。凡如此類，不暇一一殫舉，其他可以類推也。

三、本編中每篇傳記前，均有大標題，以點出每位高僧之特色，如慧能傳標目如下：「不識一字的——六祖慧能」，其傳中每段又有小標題，如六祖傳中一、二、三、四段分別標有：㈠「人有南北、佛無南北」㈡「菩提非樹，明鏡非臺」㈢「三更入室，付授法衣」㈣「風動旛動，仁者心動」等等。總冀能令讀者一目瞭然。其篇幅較短者，則僅標一大標題而已。如：「智鬪婆羅門的——釋道融」。總之，不論大標題、小標題，多以八個字涵括其中內容，以取醒目與劃一。

四、本編改寫，固在將高僧之生平加以介紹。但高僧之時代背景與現在不同，其思想、觀念自與一般俗人不同。如何溝通調和其間，亦頗費周章。本編一秉謹嚴之態度執筆，亦冀保存高僧之精神，以免妄加揣測而有所褻瀆也。

五、讀書本貴自悟，重在弦外之音，言外之義。因此對書中不易理解處，有說明者，有不說明者。凡其事有涉專門，或易滋生誤解處，並可以文字表達者，則予以說明之。其中不可以文字表達之者，則不得不予從略。

六、本編所選歷代高僧，其人數固甚僅，所謂「存十一於千百」。顧其內容或深或淺，或莊或諧，有富趣味性者，亦有富啓發性者。可謂幾於無體不備，適合各種不同口味。譬如一滴水，已具百川之滋味矣！其中，唐玄奘傳所以特長者，因其事跡，最爲膾炙人口，但傳其事者，或多語焉不詳，或流於小說家之臆說。故不惜長篇累牘以傳述之，裨便讀者得窺其全貌焉。

七、本編傳記中，亦有兩人或兩人以上關係密切，其事跡又難以分割，所謂「合則雙美，離則兩傷」；於是採取合傳之方式。如天臺智者，與慧思，二大師合傳，即是一例。

八、編中有關專有名詞之注釋，悉隨附於原文之下，以括弧方式解說之。就中所注內容，牽扯較廣，文字冗長，爲免割裂上下文氣起見，則置於該段後，另加「註」，以詮說之。

本編諸高僧之取材，固以歷代高僧傳爲主幹。但也有許多資料，取自其他史實者。如神僧傳、景德傳燈錄、歷代佛祖通載、禪林寶訓等書。玆略擧數例如下：

(一)因原傳敍事過於簡略，而其人又甚爲知名，若僅取足於此，殊不足以饜讀者之心。故逕取其個人專傳，以替代之。如：玄奘傳之取慧立所著三藏法師傳即是。

(二)除原傳外，另有軼事，頗富機趣者，亦並採錄之。如：道生法師有關頑石點頭之事，不見於本傳，而得之歷代佛祖通載。

(三)除原傳外，別有異聞，而篇幅略同，其事跡大有出入。其內容則各擅勝境，故並錄存之。如：知玄(悟達國師)生平，並採慈悲三昧水懺懺文緣起一段，有關知玄事跡，附之於後，裨便參證。

(四)取材自其他傳略，或年譜者：如蓮池大師傳，取僧懺蓮池大師傳略予以改寫。蕅益大師傳，依據弘一大師之蕅益大師年譜而作成。

一、最早來華傳法的高僧
——攝摩騰、竺法蘭

一、夜夢金人，遣使西覓

在東漢明帝永平年間，某夜，明帝做了一個奇異的夢，夢中，他看見一位神仙，飛行在殿廷的上空，仙人身長有一丈六尺，全身發出金色的光芒，最奇怪的是仙人頂上還有一輪金色的圓光。次日上殿，帝問羣臣，太史（卽史官，專管天文、星曆事）傅毅在占卜（推測）以後卽回稟說：「周昭王時，天有異象，現五色光芒一直上貫太微星。當時的太史蘇由向皇帝上奏說：『必有聖人，降生西方，方感天現祥瑞，一千年後，此聖人的聲敎將會傳來中國。』周王立即下令將此事刻於石上永誌紀念。昨夜陛下所做之夢，從時節因緣推算看來，恐怕正是其時。臣又聽說西域有神，名字叫做——佛。陛下夢見之金人，必定就是所謂的『佛』了。」明帝聽後，非常讚許，以爲這必定是佛的示現，於是即刻派遣郎中（官名）蔡愔ㄧㄣ、中郎將秦景、博士王遵等十八人率領千乘萬騎，出使天竺ㄓㄨˊ（印度的古稱），去尋訪佛法。在訪求途中，到了月ㄖㄡ氏ㄓ國，很幸運的遇見攝摩騰、竺法蘭二位尊者（道德智慧爲人所尊敬的叫尊者）。摩騰是中天竺人（中印度人），他的學止、神態都很優雅，使人一見不禁肅然起敬，他並且對於所有大小經典都能理解並融會貫通。最難能可貴的是師經常以周遊化度各地爲己任，因此大師所到之處，無不備受推崇。法蘭，也是中天竺人，號稱能背誦經論數萬章，那時天竺學者都尊他爲老師。愔等一行人，在遇見二位尊者後，知道他們俱是有德行的高僧，便恭敬的傳達了明帝的旨意，並極力邀請他們來華傳法。兩位尊者早有弘法化度的大願，自是欣然允諾。

二、摩騰法蘭，白馬馱經

摩騰二人不辭長途的疲困勞苦，冒著風霜雨露，跋涉流沙，一路上，他們以白馬負馱ㄊㄨㄛ佛經，歷經了千山萬水終於在明帝永平十年抵達中國。他們先住在洛陽城內，明帝對這兩位遠自西域來華的尊者，能不辭艱險，以法自任的精神，非常欽敬。特頒聖旨給他們以最優厚的招待，並且特別爲他們在洛陽城西門外，建立一所精舍（就是佛舍，大約相當於現在的學舍）以安頓之，這是中國最早有出家修行人的開始。騰師住處，就是現在洛陽城西門外的鴻臚寺，後來改名爲「白馬寺」。這也就是我國最早有僧寺的開始。本來「寺」是官府的意思，鴻臚寺是招待與迎、送外賓時的官府，約相當於現在的外交部。自從改爲白馬寺，住了出家僧侶，「寺」，便成爲出家人僧舍的專稱，乃是佛、法、僧三寶的象徵。「寺」字既成專有名詞以後，就一直沿用到現在。至於「白馬」一詞，也有由來。據說：從前外國有個國王，曾經破壞許多佛寺，最後祇剩招提寺，尚未波及。某天晚上，忽然有一匹白色的駿馬圍繞著寺塔，發出悲鳴，似乎在爲眾生請命。國王聞知大受感動，即刻下令停止破壞佛寺，並改「招提寺」爲「白馬寺」。從此許多佛寺都喜歡以「白馬」命名。

同時，蔡愔自西域所携同來的佛像，也分別供置於南宮的清凉臺，及顯節壽陵上，這些舊像雖然在今天已不復存在了，但這是我國有佛像的開始。

三、初譯章經，傳誦迄今

二位尊者的天資都是穎悟非常，且具有語言的天才，他們很快地便熟悉了中國的語文，於是兩人便著手將那些自西域馱來的佛經翻譯爲中文。前後一共翻譯了五部經，其中除了一部四十二章經傳誦到現在外，其他四部都喪失在歷代的兵災寇亂中。這部四十二章經共二千餘言，集合大小乘義理，簡要而平實，對於初入門的學佛者而言，它是最適合不過了。此經就是我國最早的一部佛經。

由於佛教大法初傳我國，尙未造成風氣，信受的人自不多。所以尊者對佛法的甚深義理，無法盡情披露，這是很令人遺憾的事。摩騰與法蘭大師在譯經後不久也就先後卒於洛陽了。

四、火焚道經，顯通稀有

據佛祖歷代通載（卷五）記載：在佛教東來之初，因很受到朝廷的尊重與保護，於是五嶽諸山的道士們，眼見外來的佛教竟如此受到尊寵，大有後來居上的趨勢，自然感到格外妒忌。便上書皇帝，要求與梵僧鬪法，一比高下。他們自稱道術高超，卽便將道經符咒投入火中或水中都不怕被燒毀與浸漬的。皇帝也正想見識一下佛與道的優劣，便批准他們的請求。於是雙方選訂日期，在白馬寺的南方，建築了三座高臺，分別放置好釋、道經典。就在衆目睽睽下，擧火燃經，兇猛的火燄，迅速蔓延，只見道經爲火舌一捲，霎時間只剩下一堆灰燼。反觀佛經，雖經烈火焚燒，却更加燦然耀目，熾烈的火燄竟不能損毁佛經絲毫。正在大夥兒驚異得目瞪口呆之時，攝摩騰、竺法蘭二位尊者，竟踊身騰躍於虛空中，顯現出各種神通變化的本領，並且說偈（音ㄐㄧˋ，爲佛家詩句）曰：「法雲垂世界，法雨潤羣萌，顯通希有事，處處化羣生。」這首偈子是說明佛陀的教化，像雲彩一樣廣佈於世界；佛陀的法音，如甘露雨一般滋潤了人們枯竭、熱惱的心靈；在淸涼的雨露滋長下，許多善的種子，逐漸萌芽了。他們所以要展現這種世間希有的神通本領，是為了要化度各地方有緣的衆生，使人人都能解脫煩惱的痛苦，証悟涅槃的快樂，不再受到輪廻的折磨。經過這場鬪法的結果，道士不但沒有佔到絲毫的便宜，反倒顯示出佛家本是眞金不怕火燒。本來在佛陀的教誡中，是禁止佛弟子，顯現神通以驚世駭俗的。但在萬不得已時，偶一爲之，也是有所必要的。這次比劃，如果佛家失敗了，就不免要遭到淘汰的命運；法門就永遠不能流傳了；就因爲佛法初傳中國，根基尚未穩固，人們對它也缺乏信心，所以這次的勝敗，關乎法運的興衰，二位尊者自是觀機化導，不得不大顯神通一番了。經過這次的考驗，此土眾生從此對佛法生出深重的信心，當時就有道士六百二十八人，立即改皈佛教。司空劉峻等二百六十人，京師士庶三百九十人，皇帝後宮陰夫人，王婕妤（漢朝女官名，官位相當於上卿，爵位相當於列侯）並綵女一百九十人，目睹了這個見所未見、聞所未聞的神奇景象，都一致要求出家，希望能修證聖果。於是皇帝就親下手諭，敕令建築十所佛寺，並在城外建七所佛寺以安頓比丘，城內建庵七所以安頓比丘尼。從此以後，三寶俱備，佛教的法運在中國，便一天比一天興盛了。

二、不愛王位卻樂佛法的——安師世高

一、自幼多才，精通鳥語

安清，字世高，他的字比他的名要響亮，世人多稱他爲安世高。他是安息國（今伊朗）的王子。從小就因很有孝行被人所稱讚。師生性聰敏又加上勤奮好學，因此慧解過人，不論外國典籍，以及醫方異術，乃至鳥獸的語言，無不通曉。有一次，安師在看到一羣燕子發出啾啾的叫聲，便馬上對他的同伴說：「剛才燕子說，待一會兒就有人送食物來。」果然不出一會兒，便有人送來食物，大家都覺得很驚奇。安師如同我國春秋時代孔子的弟子，魯人公冶長一樣，懂得鳥語。所以安師優異過人的才資，早就傳遍西域。

二、不愛王位，却樂佛法

安世高太子雖然在家學佛，但奉持戒律，却絲毫不苟。後因國王薨逝而接掌王位，在服孝期滿，便毅然捨位出家了。安師何以如此？我們當可從他超然的體認中看出他的不凡。當時安師雖是小小的年紀，却深深覺悟到人生的無奈，不論如何歡樂終不免於痛苦與空虛，所以說人生無常。安世高自幼生長於帝王之家，他所見到的是世間最令人羨慕的——崇高地位、權勢、財富與名聞，然而如其父王縱擁有世間一等的榮華富貴，却不能買回逝去的年華，延長他一分一秒的壽命。無常本是不分男女老幼、富貴賢愚，都予以無情的摧殘。反觀芸芸衆生却費盡心機，一刻不停的爲爭名奪利，而營營一生。上自君王將相，下至販夫走卒，無一例外。何曾有人駐足片刻，來深思人生眞正的歸宿呢？安世高最可貴之處，便在於他能抛棄古今中外多少豪傑英雄所夢寐以求的地位。他非但視如敝屣；且選擇了清寂的出家生活。眞是難捨而能捨，難行而能行。所以說：「出家乃大丈夫事，非將相所能爲。」即是此意。他的睿智與決斷，一如從前佛陀所示現，以人生的盛年，擁有了天下最美好的一切，却能毅然的以智慧寶劍，斬斷五欲的煩惱①，脫離老病死的束縛，一心一意的去追求清涼解脫的大道。試一翻閱佛經的記載，歷刼以來諸尊佛的示現，無一不是出身帝王之家，感悟人生的無常，而發心出離這煩惱的家，去修證不生不滅的大道。這點尤值得我們再三深思的。

三、遠涉中國，偏譯諸經

安世高出家修道後，博通各種經藏書籍，尤其精通阿毗曇學②。安師喜歡遊方各處，並隨所到之地弘揚佛法，徧歷各國，幾乎無處沒有他的足跡。在漢桓帝初年，才來到中國，由於才智高超，悟機敏捷，不論何事，一經見聞，便能通達無礙。所以到達中國未久，即能精通中國的語言。於是就開始宣譯各種經論，將梵語翻譯成漢文（中國文字）譯出安般守意經（說明數息觀心法，爲修習禪觀的重要經典，亦爲中國第一部禪觀的經典），陰持入經（說明五陰六入等法的經典），共分大小十二門及一百六十品。又將天竺(印度)沙門（爲印度出家修道者之通稱，譯云勤息，謂勤脩戒定慧，息滅貪嗔癡）衆護所撰的修行經要二十七章，剖析所集其中七章，翻譯成漢文，就是道地經。其先後所翻譯的經論共有三十九部。義理明白清晰，文字平允雅正。內容善辯而不華美，樸質而不俚俗。凡是閱讀師所翻譯的經典，往往令人把卷忘倦。

四、自述前身，感果受報

安師世高，早年悟道。所以對於事物的眞理，悉能洞澈無餘。並且對自己多生多刼的業報因緣，也能了知無遺。常有許多神奇事蹟發生在他身上，一般人都不能測出他道行的高低。有一次，他自述前身的一段業緣，說明了因緣果報的絲毫不爽，很值得人們警惕。

原來前身也是位出家人，與他同修的一位道友多瞋易怒，每次遇到施主（因爲出家人受在家人的佈施供養，所以出家人往往稱在家人爲施主）不如他意的時候，總會怨恨不已。師屢次加以勸諫，他的同學終不知悔改。如此經過了二十餘年，師自知不久人世，乃與這位道友訣別說：「我將要去廣州，以了宿世的怨仇。你深通經論，而精勤用心，也不在我之後；可惜因你素性好發脾氣，所以今生命終後，將會受到惡報。我因與你有同修之誼，當係有緣的人，如果我將來得道的話，必會先來超度你脫離這災厄的。」於是安師就到了廣州，剛好遇上寇賊大亂，途中碰到一個少年，少年一見安師，就舉刀相向說道：「這下總算給我找到了，今天你非償還我命不可！」安師驟然面臨這兇惡的暴徒竟然毫不介意，因爲他早已預知將會發生的一切。於是就很坦然的回答道：「我自知多生欠你的命債，故爾不遠千里而來，就是要來償命的。你所以會忿怒不已，是因爲前世怨毒尙未解除的緣故啊！」於是泰然伸頸受刄，臉上毫無懼色。那暴徒也不多言，卽時揮刄行兇。當時圍觀的人，塞滿巷道，無人不爲此事深感驚駭。古人對因果報應的絲毫不爽有下列的偈子：

「朗朗青天不可欺，未曾舉意神先知。善惡到頭終有報，只爭來早與來遲」

「善有善報，惡有惡報；莫言不報，時刻未到」

所以經云：

「假使百千劫，所作業不亡；因緣會遇時，果報還自受」

「菩薩畏因，凡夫畏果」。我們做一個堂堂正正的人，除了對殺、盜、淫、妄、酒③的大罪過不可造作外，即連擧心動念的隱微處，都絲毫不可放過，必須時時刻刻加以檢點。所以神秀大師說：

「身是菩提樹，心如明鏡臺，時時勤拂拭，莫使惹塵埃。」

既而高師的神識（約相當於靈魂），又投生爲安息國的太子，就是現在的安世高了。安師遊化中國，宣經事畢；正是東漢靈帝末年，關中洛陽一帶盜寇亂民擾亂不止。於是振錫江南。安師特地來到廬山，準備去度化從前那位同學。當他來到䢼亭湖廟，他過去那位好瞋的道友早已做了此地的廟神，當地盛傳此廟很有威靈，商旅過往，無不來此廟祈禱一番，才能克保各各相安無事。曾經有一個乞求神竹的人，因未曾奉牲祝禱，就逕自採伐神竹，不久這人所乘的船，就在湖上覆沒了。從此以後，來往的船商就更加小心奉祀，不敢稍有開罪。安師隨同商旅船隻三十多艘來到此廟，奉牲請神畢。廟神乃降祝說道：「船上有沙門，可否請他進來。」那些商旅聞言都感到非常驚愕，馬上請安師入廟。神就告訴安師說：「我現在是䢼亭廟神，周圍千里之內，都歸我管轄，因爲前生多佈施的緣故，所以珍奇玩好供應不絕，又因前生多瞋恚，所以墮此鬼神的果報。往來商旅若稍不如意，動輒殺人，無所顧恤全是瞋怒所致。我今見到昔日同修，不禁悲欣交集。悲者，悲已之尙在惡道；欣者，欣所託有人矣。但我壽命早晚將盡，然而面容醜陋，形體長大，如果在此捨命，將會汚染江湖，且捨命後恐將墮入地獄受苦。但我有好絹布千疋及各種寶物，希望你能代我拿去供養三寶，修塔造福，以消宿世所造之惡業，裨能投生善道。」安師就說道：「我此番前來，乃特爲超度你的，請你現出原形。」神就說道：「我的形體醜陋，恐怕驚動別人。」高說：「你儘管現身，不必顧慮太多。」於是神就從牀後伸出頭來；衆人一見，竟是條巨大無比的蟒蛇。只見安世高凝神向牠說法咒祝，梵語數次，那大蟒似乎就聽懂了，卽時感動叩首悲淚如雨，不久就隱身不見了。安師卽爲牠取出絹物等寶，向廟神辭別而去，隨衆商旅颺帆江上，此時又見巨蟒現身江岸高山，向衆人遙望不已，好像依依不捨的話別，衆人揮手示意，牠才消失。此時船行若有神助，倏忽之間，便抵達豫章，師卽以神廟之物爲牠修福建造東寺。就在師離去不久，神便命終，師等航行途中，已是黃昏時刻，只見一個少年走上船來，長跪師前，接受他咒語的祝福後，忽然不見了。安師就對船上的人說：「剛剛那個少年就是邦亭廟神，現在已經超脫畜生道的惡形了。」從此以後廟神就離開了邦亭湖，牠的廟自此便不再靈驗了。後來有人在廬山西方的大澤中，看見一條大蟒的屍體，頭尾有數里長，其地就是現在江西潯陽郡蛇村。安師後來又到廣州，找到了前世害他的少年，這時那少年還在人世，師就親自前往拜訪，並說出從前償還命債的往事，以化解怨結，免得冤冤相報，永無已時。這位廣州客憶及前愆十分追悔，終於盡釋前嫌歡喜相對了。所以古人說：

「冤冤相報，無了時，冤家宜解不宜結。」

安師又說：「我還有餘報，尚未了結。現在應當前往會稽償報。」這位廣州客知道安師絕非一個尋常人，就以非常厚重的財物供養法師，並願跟隨他東遊。二人抵達會稽後，同到市中，正巧遇到市中有暴徒多人正打鬪得難分難解，一個不留神，竟然誤打到安師的頭上，師遂當場喪命。這位廣州客，前後二次親眼目睹因果報應絲毫不爽的實例，從此就放下萬緣，精勤修學佛法了，並常對人說出自己親身經歷的二段因緣。凡是聽到的人，不論遠近，沒有不爲三世因果，冤冤相報的確實證驗而慨嘆不已。這則案例，令人得一啓悟，即使身爲悟道的比丘，雖遠在異國，因緣會遇時，一樣不能倖免，世人起心動念造作惡業，能不引以爲戒嗎？

安世高因爲是王族，所以當時西域旅客，都叫他爲安侯。安師通於禪經，也是第一位將禪觀帶入中國的人。安師翻譯安般守意、陰持入、阿毗曇五法四諦、十二因緣、轉法輪、八正道、禪行法想等經約三十部，三十七卷之多，均是小乘經典。早期佛學的流佈，由他奠定了基礎。師對佛學的貢獻及他個人在佛學上的造詣，都是不可忽視的。早期高僧中，安師乃是一位典型的代表人物。道安法師就曾經說過：「誰能面見安世高，就跟見到菩薩聖賢一樣。」他對安師的敬慕之情，很自然的流露於言語之間。康僧會說：「安世高善鍼脈諸術，覩色知病。」這些也只是安師的一些小事蹟罷了。

附註

① 色是指美麗的色相，包括女色與一切可悅之色；聲是指美妙迷人的聲音；香是指芬芳的香氣；味是指可口的味覺；觸是指適意的觸樂。以上五者因能使人生起貪欲的心，故名五欲。

② 譯爲大法、無比法、對法。這是一門其他任何學問所不能與它相比的大學問。故稱無比法或大法。它是用智慧對觀一切法的眞理，所以又稱對法。

③ 卽殺生、偷盜、邪淫、妄語、飲酒，佛家所制定的五戒，就是特別來防止這五樣罪過的。所謂不殺生，就是不殺傷生命；不偷盜，是不盜取別人的財物；不邪淫，是不作夫婦以外的淫事；不妄語，是不說欺誑騙人的話；不飲酒，是不吸食含有痲醉人性的酒類及毒品。

三、傳譯大乘經典厥功甚偉的——支婁迦讖

在當時與安世高同來洛陽譯經的，以支婁迦讖最爲有名。支婁迦讖，也可簡稱做支讖，師本是月氏國人。他的操行淳樸深厚，性格氣度開通靈敏，稟持戒律，以謹嚴勤奮而著稱於當時。又能背誦許多經典，一心想要宣揚佛法。師在東漢桓帝的時候，到洛陽遊學，並在靈帝年間開始傳譯梵文（印度古文），譯出般若道行、首楞嚴、般舟三昧等經。及阿闍世王寶積等十餘部經，這些經典，由於年歲已久，卷帙不全並已不知作者姓名，後經人校定整理，並研尋其中文體，認爲都是支讖所譯的。以上支讖所翻諸經，共十三部二十七卷，都能深得法門要旨，漢末般若、方等諸大乘經典，即已流傳中國，師之功勞實不可沒。

東漢末年，佛教界有二大系統，至三國時，傳播於南方。其一是安世高禪觀派的禪學，較偏重在小乘佛學，其重要的經典有安般守意經、安玄的法鏡經、及康僧會的六度集經。二是支讖講經派的般若，屬於大乘佛學。其主要的經籍是道行經、首楞嚴經及支謙的維摩、明度等經。支婁迦讖在當時的地位與重要性，從此可知了。

佛教自傳入中國後，往往被道家牽強附會，終不能顯其眞面目，等到後漢桓靈時代安世高、支讖等人相繼來華，譯出的經典漸多，佛陀的教化才有了依據，此後佛學之日益昌明，安世高、支讖等人實居首功。

當時有所謂三支。三支者，支婁迦讖，支亮與支謙，支謙之祖父即已歸化中國，謙出生中國，學問廣博，通達六國語言。身為居士，嘗就學子支讖弟子「支亭」，後避難吳中，孫權尊爲博士。譯有維摩經、阿彌陀經、首楞嚴經、大般泥洹經等大小乘經，約三十部四十卷。南地佛教流傳，厥功至偉。同時有康僧會振興南地佛教，影響亦鉅。

四、誠感舍利法化江東的——康僧會大師

一、虔求誠感，舍利降臨

康僧會大師的祖先，原來是康居（古國名，在今新疆省北部）人。其後世世代代皆居住於天竺。他的父親因經商移居交趾（今越南北部），會師十餘歲時，父母就雙亡了，他以至性奉孝服畢，就出家了。大師甫入僧門，即刻勵修行，嚴峻自守。師為人識度恢宏，篤志好學，不但對經、律、論三藏都能悟解，就是對詩、書、禮、樂、易、春秋六經也都博覽無遺。至於天文、地理，也多所涉獵。因此才辯敏捷，文筆優雅。當時孫權在江東，佛法初傳吳地，教化未開，僧會法師想令佛法振

興於江東，於是振錫東遊（錫是錫杖，出家人行脚所常用。振是動詞，振錫就是携著錫杖），最初先到建業（南京）。這時吳國初見沙門（沙門，指出家人，本意是勤息，是勤習戒定慧，息滅貪瞋癡之意），對他們深感懷疑。有位官吏就上奏說：「有胡人入境，自稱沙門，容貌服裝，都跟一般人不同，我們應當對他們加以考驗。」孫權就召見他們且詰問說：「汝輩修行有何靈驗否？」會師答道：「如來（佛的名號）遷化（得道者，去逝稱遷化）至今，已有一千年了，但是所遺舍利（乃佛遺骨。佛遺體經火化後，所得的珠狀物。它是由戒、定、慧的功德力所凝聚成的結晶。這代表修行有得的證驗，歷代高僧大德，多有舍利，而佛的舍利最爲珍貴），神彩照耀。從前印度的阿育王就建塔八萬四千座大興供養，那些宏偉的塔寺，不正表示佛陀教化的廣被與深厚嗎？」孫權不信，以爲誇誕不實，就對會師說：「祇要你能得到佛的舍利，我就爲你造塔供養，否則，我就依國法制裁你。」會師就請限期七日，以求舍利。師乃召集其徒衆宣佈說：「佛法是否能於此興盛，就賴此一擧。如我們現在不用至誠心祈禱求驗的話，以後佛法何以傳揚呢？」就與徒衆齋戒沐浴，並以銅瓶放置在桌案上，虔誠燒香禮請。等到七日期限已到，竟毫無反應。於是會師再請延長七日，但七日期滿，仍然毫無反應。這時孫權說：「我已允許你延期，至今怎麼還沒有應驗。」認爲他犯了欺君之罪，正待加罪於師，會師懇請再延七日，必有應驗。孫權經考慮後，又勉強准他再延長一次。但是約定不准再延。會師應允，就對他的徒衆說：「我們連續二七日，一直沒有感應的原因，必是心不夠誠，現在應當以死自誓，必獲感應。」於是大衆咸共自誓，如是又過七日，然而在最後一天的日暮時分，仍然毫無動靜，徒衆們沒有一個不心感震懼。康師却不動聲色，只一味率領徒衆，更加虔誠的祈請，一直到五更的光景，只聽得鏗然一聲，似有珠玉落入盛舍利的瓶中。會師親自向前探視，果然見有一顆晶瑩剔透，光彩奪目的舍利，赫然在目。第二天清晨，會師就把舍利小心恭敬的捧呈孫權，這時候滿朝文武官員也一併前來觀賞。佛的舍利果然不同凡響，只見有五色火燄，晃耀瓶中。孫權親手接過瓶來，將舍利傾瀉於銅盤上。說也奇怪，只見那堅硬無比的銅盤，一經舍利碰擊，竟應聲而碎了。孫權一看，嘆爲稀有，不禁肅然起敬。連連說道：「這眞是罕見的瑞兆啊！」這時會師向前進言說：「佛舍利的威神，豈祇是光彩四射而已，就算是那無所不焚的刼火，也對它莫可奈何。姑且不說刼火罷！就是那世間號稱無堅不摧的金剛杵，也不能損傷它分毫。」孫權將信將疑，就令當場試驗。將舍利放置在巨大的鐵砧板上，命大力士以最堅硬的鐵鎚用力鎚擊。結果，在激撞的火花中，只見那砧板與鐵鎚都撞擊得七凸八凹，而舍利却安然無恙。孫權這時不得不爲這神奇的事所震撼，而發出由衷的歡喜與讚嘆，就下令立刻興建塔寺，供養這顆舍利。這是吳地興建佛寺之始，故命名爲建初寺。並且把該地改名爲佛陀里。江東的佛法從此大爲興盛，康師的貢獻，應居首功。

二、機辯無礙，力折辯士

孫權薨逝，傳位於孫皓，皓在位法令苛刻暴虐，政治昏暗，才識遠不及乃父。皓登位不久，卽廢棄淫祠（濫設的祠廟），同時也想毀壞佛寺。羣臣諫阻道：「佛的威神實在不可思議，它與一般神明大不相同。僧會大師以至誠力感召瑞應，故有吳大帝創建佛寺盛舉。現在若輕易將它毀壞，將來必定會後悔的。」孫皓素來專橫暴虐，缺乏善根，所以對羣臣諫言，只是充耳不聞。並且特地派遣大臣張昱到建初寺，欲向會師當面詰問。張昱素以機智善辯著稱。結果，昱雖用盡各種方法，盡情問難，只見會師從容置對，隨機應變，條理分明，辭鋒捷出，辯論從朝至暮，張昱不曾難倒會師分毫，此時昱已感辭窮，只得告辭而出。會師送昱到寺門口，昱抬頭偶見寺旁有一座淫祠，突然靈光一閃，計上心頭，卽時就說：「佛敎的宣化，旣然這般孚於衆望，何以這個淫祠還會存在佛寺之側呢？」會師應口答道：「此理極易明瞭。譬如雷霆雖然能夠破山，但是耳聾之人却不能聽到。這豈是雷聲大小的問題呢？凡合乎物理者，就是遠在萬里之外，也能如響斯應的。否則，就是近在咫尺，也不能有所感應的。」張昱聞後，語爲之塞。昱旣回稟孫皓，感歎會師的才學與明智，非人所能測度。孫皓仍舊不服，又大集朝臣及賢達之士，以馬車迎接會師，並質問善惡報應的事，想當面給予難堪。會師却從容應答說：「賢明的君主以孝親慈愛來敎誡世俗，以仁德力感化萬民，那麼國家自會風調雨順，國泰民安，四海歸心，萬民頌德，這些都是歷史上有目共睹的事實。善的事情，旣然有這種的瑞應，惡的事情又何嘗不然。所以假若造惡不爲人所知，鬼神必誅之；造惡而天下皆知，人人得而誅之。易經上說：『積善餘慶』，詩經上說：『求福不回』，又說：『永言配命，自求多福』，『天作孽猶可違，自作孽不可活』這些雖都是儒家典籍的格言，也卽是佛敎的明訓。」孫皓嗤笑著說：「旣然周公、孔子已經說過，又何待佛來說呢？」會師答道：「周公、孔子所說，不過略示其迹而已，至於佛法所述，則備極細微，可謂無幽不燭，無微不顯。不僅敍述現象更詳細說明其中因果關係，所以若論通情達理，究竟圓滿自無過於佛者。因此作惡，則有地獄長苦；修善，則有天宮永樂。修五戒，則得人身；修十善，則昇天界；修「四諦」（苦、集、滅、道），破我執，則成羅漢果；發慈悲心，修「六度」（布施、持戒、忍辱、精進、般若、禪定），則成菩薩果。總之，不論十法界（餓鬼、地獄、畜生、修羅、人、天、聲聞、緣覺、菩薩、佛），都是隨其所修因的不同，而感得不同之果也。這不過是個大概情形罷了！詳細說來，天有二十八層，地獄也有八寒地獄、八熱地獄，人的福報也不同，畜生種類亦各別。除了究竟成佛外，就是菩薩的品位也有五十一個階次之差異。這些都各隨善惡染淨修因的不同，而感有這許多錯綜複雜的果報。就如種瓜得瓜，種豆得豆，瓜、豆種子千萬，品質也各有優劣，再加上所受日光、空氣及水土、肥料等之因果關係，故其栽培所生的果子，也自然千差萬別了。所以「因」與「果」之間，是多麼複雜而微妙的啊！佛家講因果，所不同於一般者，乃在它特別強調人間世的因果罷了！因果報應本是事實，何況它又有勸善阻惡的作用，誰又說其不然呢？」吳主孫皓當時被駁得啞口無言，只好作罷，不敢再加質問了。

三、穢汚金像，惡報如影

孫皓雖已聽聞正法，但昏暴成性，不易悔悟。有一次，他的衞侍在後宮整理園地時，突然挖掘到一座金佛立像，高有數尺。孫皓本卽不信因果，就故意命人將金像置於不淨處，以穢汁澆灌，並加以百般戲辱，自己更與羣臣在一旁嘲笑以爲戲樂。正嬉鬧間，突感全身大腫，陰處（生殖器）尤其痛徹，頓時痛得哀叫不止。立刻召來太史占卜，說是犯了大神，於是祈禱祭祀諸廟，但一直未見好轉。當時宮中有位宮女，奉佛甚虔，因此就特來稟告說：「臣妾素聞佛像乃象徵佛之住世，它能教化衆生，令之離苦得樂，袪除熱惱而得淸涼，並使身心解脫自在，它是衆生的福田主，經言：『一切衆生皆有佛性，一切衆生皆當成佛。』故禮敬佛像可以長養一切有情之慧命，功德、福德俱皆無量，否則將獲無量罪業，今陛下穢汚佛像，褻瀆神明，故受此大苦，欲求脫免，惟有求佛慈悲哀愍，非以至誠心懺悔，否則此罪難除！」孫皓此時痛苦異常，聽後方始醒悟，立卽表示願意懺罪。於是這宮女便將那尊被穢汚的佛像，恭恭敬敬的請到殿上，重新用香湯（芬芳的浴湯）洗滌數十遍，更替孫皓燒香懺悔。孫皓也仆伏枕上，至誠懇切的自陳罪狀，說也奇怪，當下便覺痛苦減輕許多。於是趕緊派遣使者到建初寺，請會師前來說法。皓聞道後，欣然大悅，又從會師受持五戒，約十日左右，怪疾竟霍然而癒。

或問孫皓穢汚金佛，以致惡報如影隨形。而佛素號大慈大悲，爲何尙與這無知的衆生計較呢？當知佛陀雖已入滅，佛像卽代表佛之住世，佛、法、僧素號佛門三寶①，禮敬三寶卽是禮敬諸佛，而三寶所在之處，必有護法諸神隱形護持，佛雖慈悲，但護法諸神基於職責所在，對譭謗或不敬三寶者必會毫不容情的加以敎訓懲治，以維護衆生的福田主——「佛」。

以前鄧州（河南省河陽縣）丹霞山有位天然禪師，曾到洛東慧林寺，正值天寒，遂取殿中木佛，燒之取煖。院主偶見卽呵責道：「爲何燒我木佛？」師以木杖撥灰道：「我燒取舍利」。院主說：「木佛那有舍利？」師說：「旣無舍利，更請兩尊再燒之！」院主於言下，因而大悟。

以上兩則公案：一則以穢汚佛像而招致罪報，一則以焚燒佛像而竟致悟道。二者豈非大相矛盾？豈知，此正佛法度化之權巧處。前者穢汚佛像而招報者，乃因以瞋恚心，施之聖像，障礙衆生之福田主，故爾感招惡報。後者焚燒佛像而悟道，用意乃在破除院主，執外在土木偶像爲佛，而不知反照自性卽佛。此二者並可謂應機說法，欲使之破迷啓悟。所謂「方便施敎，逗機說法」卽是此意。否則，若誤解其意，甚或徒學東施之效顰，妄招疑謗，則造罪無邊矣！

四、梵唄接引，法化江東

僧會大師工（熟習）於梵唄②（佛家的音樂），所造泥洹梵唄，音響淸亮，師以此梵唄宣導大衆，流傳迄今，影響至鉅。會師在當時法化未開的江東，開創度化事業，其艱難困苦，固可想見。然師懷抱自度度他之熱忱，從事法化之流佈，終於成就法緣鼎盛之局面——上至帝王，下至百姓，無不感通；從此佛法流佈南方，其影響於後世者，旣深且廣。

大師住錫於建初寺，翻譯衆經，就中以六度集經、吳品經較著名；另註解安般守意經、法鏡經等，並能深得其中妙諦。會師後於東吳天紀四年九月示寂（佛菩薩與高僧，得道後，緣盡化去，槪稱示寂）。

附註

①「三寶」之解釋很多。通常有二：㈠自性三寶，㈡住持三寶。㈠自性三寶：「佛」者，自性之覺；「法」者，自性之正；「僧」者，自性之淨。㈡住持三寶：木雕泥塑紙畫的佛像，即住持佛寶；三藏經典，即住持法寶；剃鬚袈裟之僧尼，即住持僧寶。住持者，久住於世，保持佛法之三寶也。

若衆生不具「自性三寶」，則「住持三寶」亦無所施其用矣。然而，倘不借助於「住持三寶」爲增上緣，則衆生雖本具自性三寶，亦永無開發之一日。是故尊重「住持三寶」，即所以尊重自性三寶。乃是借外在之緣，反照於內心，始能返妄歸眞，破迷開悟，得入佛知見，見自本性，福慧具足，功德圓滿。否則，泥塑木雕，本是假像而已。於此求福，福何可得；於此求慧，慧焉可致。如是求之，是假偶像，乃眞迷信，將永無見性之一日矣！

②梵唄——本爲梵土之讚頌，印度習俗，凡歌詠法言，都稱爲「唄」。譯作：止斷，止息或讚嘆。法事之初，每唱誦之，以止斷外緣，藉以收攝身心，蕩滌凡慮，方堪作法事，又其偈頌多讚佛德，故云讚嘆。而流傳中國後，誦經則稱爲轉讀，歌讚始號爲梵唄。（音ㄅㄞ）。

五、中國第一位現出家相的比丘

——朱士行

一、爲求大經，誓志西行

朱士行，東晉潁川人。士行身際魏晉五胡亂華佛法初來的時代，出家者多爲西域胡人，而當時國制不許漢人爲僧，有則自朱士行始，其後乃成風氣。士行不僅是中國第一位出家人；亦是西行求法的第一人。師從小就具有高超的悟性，並懷有脫離塵俗的思想。出家以後，鑽研經典，不遺餘力。早在漢靈帝時，竺佛朔譯出道行般若經，文句簡略，意義未周。士行曾經在洛陽講道行經，覺得譯文有許多地方未妥，常常歎息的說：「這部經是大乘重要的經典，而譯者文理亦未盡完善。我誓志遠赴西域，求取大本經，即使爲此而犧牲生命，也在所不惜！」於是在魏甘露五年（西元二六〇年）出發到雍州（陝西一帶），向西渡過流沙，歷經艱難，來到于闐國（今新疆和闐），果然發現梵文原典，共計九十章，二萬五千頌。正待派遣弟子將梵本送回洛陽的時候，于闐國諸小乘學衆聞訊，即刻通報于闐國王，誣告他們說：「中國沙門，冀圖魚目混珠，擬以婆羅門書籍遣送回國，勢必壞亂佛典，王爲地主國，如果不加以查禁的話，那就會破壞大法，使得漢地的人，有如聾盲一般，永遠不能聞知正法，這豈不成了王的罪過嗎？」于闐王聽了以後，立即下令不准他們將經典送還。

二、金剛之身，以證悟道

朱士行對這件事，感到十分痛心，於是就想出一個方法，他要求國王，願以焚燒經典來證明它的邪正眞僞，國王答應了他的請求。於是在大殿前堆積了一堆薪柴，將一切都佈置好，便擧火引燃，士行在燃燒的火前，神色凝重的宣誓著說：「如果大法應當流傳漢地的話，這些經書就不當被燒毀；假如不能護經回到漢地，經書被焚，也就是業命，自也無可奈何了！」說完後，就把經書投入熊熊烈火中；此時奇跡立即出現，投入的經書不但未損分毫，而正在燃燒的烈火，却自行熄滅了。王及大衆見了這般景象，無不爲之駭異歎服。大家都稱讚這是神跡的感應，從此經書的南傳便無人敢再阻止了。這些經書因此就得以送到陳留（在今河南）垣水南寺。後來士行卒於于闐，春秋八十。就依照當時西方荼毗(火化)的方法，用火焚化遺體，等到薪柴已經燒完，火也熄滅了，奇怪的事發生了；士行的遺體竟然完好無恙，大家都感到驚訝無比。正在此時，一位有道的高僧見了便咒誓說：「假若你眞得道，身體也應當毀壞，不必作此驚世駭俗的舉動！」於是屍骨應聲而碎，他們就把他的遺骨入歛；並爲他建造了一座寶塔，專門供養紀念他。後來他的弟子叫做法益的，從于闐囘國，就把親眼目睹其師化度的事跡流傳開來，於是士行的神異事蹟就普爲國人所知了。縱觀士行一生，有二件事最值得一提：其一就是烈火不能焚書的奇跡，這是至誠感通的一種證驗。另一件是修成金剛不壞之身，這是悟道的自證境界，有示現度化的意思。一個眞正的悟道者，往往在生前都鮮爲人知。由於他們有高超的涵養，且能韜光隱晦，不露任何鋒芒。但是在臨終或死後，爲度化世人，往往會以各種不同的方式來示現一番，使世人知道佛法的修證確是眞實不虛，以達到度化的目的。但爲免驚世駭俗，導人入歧途，所以士行在示現以後，頃刻間又應身而碎了。此表眞諦不礙俗諦之意。

朱士行生當魏晉玄學（老莊玄理）盛行之際，佛學般若眞空之敎也正於此時東傳中國，其學說頗能契合當時之根機，故得以普遍流傳，而般若經之傳譯，士行之功獨卓。

士行自魏甘露五年（西元二六〇）離開洛陽，西行求法，至太康三年（西元二八三）卒於于闐。師徒步行萬里路，在外二十年，曾遣弟子將部份梵本運送回國，所願得遂，而已身卒於異域，亦可謂爲法而忘軀！此後，西行者，代不乏人，士行可謂開風氣之先者。四百年後，唐玄奘大師繼志承烈，邁越前古。論及成就，士行固不能與之相抗衡。但誓志堅貞，風骨嶙峋，則亦不多讓焉！

六、形貌醜陋德行高邁的印手菩薩

——釋道安

一、形貌醜陋，慧性非常

道安法師，俗姓衞，山西常山人。師家世世代代都是英儒，早年失掉父母的覆蔭，靠着外兄孔氏撫養成人。師七歲開始讀書，因資性聰明，凡書到手，經寓目兩遍，就能背誦如流，鄉里鄰居都感到非常詫異。十二歲時，神悟明敏，而形貌却非常醜陋，因此不爲其師所看重。祇命他到田間工作，師並不因此稍稍氣餒，更加勤奮認眞。默默三年，任勞任怨，絕無半句怨言。祇知篤守齋戒，毫無缺犯。數年之後，又自覺不足，就啓請師父教授經典。師父交給他辯意經一卷，大約五千字，安師捧著經書到田間，利用餘暇展經讀誦。到了日暮携卷歸寺，又再另請他卷閱讀。其師頗感疑怪道：「今早方授一卷，寧可貪多？」安師答道：「早上所授經卷，我已熟讀成誦了。」其師很覺驚訝，以爲不過偶而如此罷了。於是另授成具光明經一卷，約有一萬字。安師照例帶經文到田間工作，利用閒暇讀誦。日暮還寺，又把經卷交還，其師執卷驗之，背誦一如前卷，不差一字，後來屢試皆不爽。其師至此始知此子天資過人，便對他另眼看待。於此可知——「以貌取人，失之子羽」。（子羽是孔子弟子，名叫澹臺滅明，容貌雖很醜陋，但德行很高，常爲孔子所稱讚。）

其後安師受完具足戒，其師就讓他到處參訪。師先到河南鄴縣，在中寺，遇見高僧佛圖澄。澄師一見就嗟歎不已。跟他談論終日，頗爲投契。大衆因見安師形貌不揚，對他都心存輕視。澄師訓斥大衆說：「此人遠識器度，實非汝等能及。」安師因感澄師德行超卓且具知人之明，於是就以師禮事之。師此後漸露頭角。澄師每次講經，師常爲他覆述講辭，大衆疑難鋒起，安師解其紛挫其銳，綽綽有餘，大衆始帖服。安師後又從竺法濟、支曇受業，並與同學竺法汰、道護等人在飛龍山共相切磋，道業愈進。後於太行恒山創立寺塔，化度河北一帶尤多。當時武邑太守盧歆敦請安師大開講筵，四方道俗紛集而至。師四十五歲時，住持於受都寺，徒衆有好幾百人，常常宣揚佛法度化衆生。

二、經義明暢，自道安始

不久安師爲避後趙、前燕，及冉閔之亂，就與弟子慧遠等四百餘人南投襄陽，就在當地宣講佛法。安師以舊譯經典，常有錯誤，以致深義隱沒，文理欠通。所以每次講說，唯敍述大意而已。爲了彌補這種缺點，就窮覽各部經典，鈎深索奧。師所注的般若、道行、密迹安般諸經，都能研尋文義，排比文句，並一一爲之解析疑難，共凡二十二卷。並爲便於講解經義，立序分、正宗分、流通分三部分，佛經要旨遂一目瞭然，而經義從此更具系統。從此凡讀經文者，都能妙盡其中深旨奧義，並融會貫通其理。經義之所以能夠明暢，就是從安師開始提倡的。自漢魏以降以迄于晉，經典流傳漸多，而譯者姓名年久煙沒，不爲人知，後世欲加追索考證，就更加不易了。安師有鑒於此，於是總集一切經典名目，按時間先後，劃表條列譯經諸人姓名，將新譯舊譯分開，並依品級等第加以詮釋，撰成綜理衆經目錄一書。從此查閱衆經就都有所依據了，安師之功實不可沒。

此時征西將軍桓朗子坐鎮江陵，請安師暫住江陵。朱序又請安師復還襄陽，安師因白馬寺狹窄，於是乃另造新寺，名字叫做檀溪，該地本是清河張殷的住宅。許多大富長者，都加贊助，或出錢或出力，建造成五層佛塔，僧房四百多棟。涼州刺吏楊弘忠，送銅萬斤，準備建造承露盤。安師就說：「露盤已經托汰公營造，因此欲以此銅鑄造佛像，不知可否？」弘忠欣然允諾，於是大家共同施捨，助成佛像。佛像造成光相一丈六尺高，神彩燦然。安師說大願既成，死亦無憾。苻堅派遣使者供奉外國所製金箔臥佛像，有七尺高；另又有金色坐像，連綴有珠玉的彌勒佛像，金色紗縷繡像，各一尊。每逢講經法會，就羅列尊像，佈置幢 ㄔㄨㄤ 幡ㄈㄢ，爲旌旗的一種，在高竿上飾以綵帛莊嚴的叫「幢」，長帛下垂的叫「幡」。）珠珮互相輝映，煙花四發。凡是參加法筵的，沒有不肅然起敬的。

其中有一個外國銅像，形狀製造得異常古怪，使得大衆難生恭敬心。安師說：「像的形相很好，只有頭飾髻形不對稱。」便指示弟子將髻放在爐裏冶鍊一番，既而光炎煥發，照耀一堂，再仔細察看髻中，居然出現一顆瑩澈無匹的舍利子。這時大衆都佩服安師獨具慧眼，非凡俗所能測。

三、四海習鑿齒，彌天釋道安

當時襄陽有位習鑿齒，天生辯才詞鋒峻厲，可說籠罩當時，他素聞安師大名，曾致書通好。是時聽說安師駐錫在此，即登門造訪。安師出門延請入座，他劈頭第一句話就自稱是「四海習鑿齒」。意思是說，他的辯才在四海之內，無有匹敵。這五個字的確用得精簡有力。習鑿齒顯然是故意賣弄口才，也想借此來考驗安師。那知安師不假思索，即應口說道：「彌天釋道安。」意謂，彌天之下也只有我一個釋道安了。二者正可謂針鋒相對，平分秋色，當時人都稱許以為名對。後來習鑿齒致書與謝安時，對安師稱贊不置，稱之為「非常道士」。而且稱其師徒講經終日，齋戒謹嚴，彼此儀軌肅然，互相尊敬，乃是他從所未見的。在學問方面，他稱安師為廣覽博涉，對內外羣書（指內典諸佛書，外指世間書），無不徧覩而盡識，甚至是陰陽算數，也都能通達。晉孝武帝遣使通問安師，並下詔說：「安法師器識宏通，風韻秀朗，居正道而訓世俗，美德功蹟秉著，不僅救濟當今，且可陶鑄來世，為迷航的指針。」

四、安公一人，鑿齒半人

當時苻堅素聞安師盛名，曾說：「襄陽有釋道安，可謂神器，朕想招致，以輔助朕躬。」後來他就派遣苻丕南攻襄陽，安師與朱序都被苻堅所獲。苻堅就說：「我以十萬之師攻取襄陽，唯得一人半。」有人就問：「其人爲誰？」堅說：「安公算一個人，習鑿齒算半個人。」從此可知時人對安師推崇至何程度了。等安師到了長安，就住持五重寺，僧衆數千，大大弘揚正法。

五、釋氏冠姓，倡自道安

最初，魏晉沙門都是依著他的師父而冠姓，所以每人的姓都不同。安師以爲，師莫尊於釋迦，乃創以「釋」爲姓的先例。其後果然在增一阿含經中，發現有印度四姓階級爲沙門的，都稱「釋」種之說。既然安師的創議與經文相符，此後比丘法名前，多先冠以釋字爲姓，這種習慣一直流傳到現在。

當時，在陝西藍田縣挖到一個大鼎，鼎的旁邊刻有篆銘，無人能識，乃請安師鑒定，安師謂此是古篆書，係春秋時魯襄公所鑄，於是將它改寫爲隸書。可見安師的淵博了。

六、不聽諫阻，苻堅戰敗

此時苻堅的勢力，東到滄海，西併龜兹，南包襄陽，北抵沙漠，可謂民殷戶富，四方略定。只有建業（指東晋）一隅，還未能平服。苻堅每次跟侍臣談話，都以未能統一江左爲憾。他常誇口道：「朕要以晋帝爲僕射，謝安爲侍中。」苻堅弟平陽公融，及朝臣石越等都切諫不可輕舉妄動，而終不能使他回心轉意。衆人無法可想，就一同請求安師說：「主上（指苻堅）將用兵東南，公怎不爲天下蒼生進一言呢？」安師素以慈悲爲懷，即刻允諾。

有一次苻堅經過東苑，與安師升車同座，僕射權翼向前諫道：「臣聞天子大駕，都由侍中陪乘，道安毀形出家，怎可與之同車共載呢？」苻堅勃然作色說：

「安公道德可仰可尊，朕以爲以天下之重，尙不能與之相比，這區區同車共載之事對他人則可稱爲榮典，對安師則豈能顯揚其盛德於萬一呢？」卽時命令僕射扶安師登車，與他上車共馳。苻堅顧盼自喜的對安師說：「朕將跟你南遊吳、越，整頓六師而巡狩，並同登會稽山以觀滄海，不亦樂乎？」安師知道他想東征，於是就說：「陛下應天御世，已有八州之富，居中土而制四海，應謹守無爲之教，與堯舜比隆。現在要以百萬之師，求取下下之土。而且東南一帶，地卑濕而氣多瘮癘，古時舜禹遊而不能返，秦始皇一去也不歸，所以東征之擧我不敢贊同。平陽公苻融是陛下的近親，石越是陛下的重臣，都期期以爲不可，我知陛下必不會聽，但因素荷陛下厚遇，豈能不略盡赤誠，尙請君三思！」苻堅說：「並非地不廣博，民不足治，祇不過想使天下皆知天心大運所在而已！」安師見他持意甚堅，無可挽回，就說：「如果你一定要用兵，不妨先坐鎭洛陽，蓄銳養精，先傳檄（音ㄒㄧˊ，官文書）江南，如果對方不服，再作討伐之計也未遲。」忠言多逆耳，平常對安師言聽計從的苻堅，此時大約因氣數將盡，對安師之忠告却怎樣也聽不進去了。未久，苻堅派遣苻融率精銳二十五萬爲前鋒，堅自己親率六十萬攻晉。晉遣征虜將軍謝石，徐州刺史謝玄抵抗。二軍交陳，苻堅大軍果在八公山大潰，死者相枕藉，僅苻堅一人單騎遁回。這就是歷史上有名的淝水之戰。經此次挫敗後苻堅便一蹶不振了。此時的苻堅悔不聽安師之諫言，但已悔之晚矣？

七、夢見瑞相，爲注印證

安師注解諸經態度嚴謹，而心中仍恐不合佛理。乃設誓說：「若我所說不背佛旨，願見瑞相指點。」於是當夜即於夢中見到一個梵行道人，白首而長眉，對安師說：「君所注的經，都很合乎佛旨。我現住在西域，因佛指示不得入涅槃，當幫助你弘揚佛道。」後來十誦律經來到中國，慧遠大師乃知和尚所夢見的僧人，原是賓頭盧尊者。於是在寺內立座設食供養他，後來供養尊者像便成各寺廟中的成規了。

安師道德既爲人所宗仰，學問又能兼通三藏，所制僧尼軌範，佛法憲章，條列爲三則：一、行香定座，上經上講之法。二、常日六時，行道飲食唱時法。三、布薩（義譯淨住長養。出家之法，每月十五及三十日集衆僧說戒經，以長養善法）差使、悔過等法。爲天下寺廟所崇奉。

八、異僧降臨，兜率緣近

安師常與弟子法遇等，在彌勒像前立誓，願生兜率天。後來在苻秦建元二十一年正月二十七日，忽然看見一個異僧，形貌粗俗而醜陋，前來寺中投宿，正逢寺房已滿，有空的又太窄，於是安排他到講堂中休息。當日維那（僧寺中管理僧俗衆事務的）師值夜殿前，看見此僧從窗隙出入自如，感到非常驚訝，就馬上稟告安師。安師驚起，知此僧必是異人，來此定有目的。急忙前往行禮問訊，並問及來意。異僧答道：「自有所爲而來！」安師說：「我自揣量罪障頗深，怎可度脫呢？」異僧道：「不然！你善根深厚，機緣已熟，即可度脫。但須沐浴聖僧，所願必滿，因緣始熟」。於是就開示安師沐浴之法。安師就請問自己來生所生之處，異僧乃以手向西北上空作勢，卽看見隨手撥處雲開天霽，備覩兜率天妙勝之報。這天晚上，大衆數十人悉皆同見。後來安師準備浴具，就見到有非常小兒，伴侶數十人，來到寺內嬉戲，須臾就浴，果然應驗了異僧「更浴聖僧」的話。到了那年二月八日，他忽然告大衆說：「我要走了！」那天早齋用完，無疾而終。弟子們將他葬在城內五級寺中。那年是東晉太元十年（西元三八五年）。安師生而左臂有肉隆起如印，時人亦稱其爲印手菩薩。可見其生也有自，其去也有所歸。

鳩摩羅什與安師同時而稍後，安師先聞羅什在龜茲，非常想跟他共同研習經義，因此常勸苻堅禮請什師，而因緣不巧，遲遲未能如願。什師亦遠聞安師的風神敎化，說他是「東方聖人」，也常遙向禮拜，可知他對安師的禮敬了。安師終後十六年，什師才到中國，什師終生深以不能與安師相見爲憾事。

綜觀安師一生，有功於佛學者，首在以德學領導羣倫，造成風氣，並改正格義佛學（註）之弊，令經義明暢。

註：格義佛學，魏晉時佛法初入中國，常以我國原有辭語或老莊哲理附會佛理，輒至錯解。格者，量度也。有揣量比度之義。至道安始脫離格義佛學之窠臼。

九、隱者王嘉，讖語神驗

安師未終之前，有一個隱士叫做王嘉的，曾前去問候安師，安師說：「世事紛亂如此，禍將及身。不如相與同去！」王嘉就說：「話是不錯，你且先行，我尚有宿債未了，不能隨著同去。」等到姚萇據長安稱霸，嘉當時就在城內，姚萇與苻登互爭雄長，姚萇就問王嘉說：「朕當登王位嗎？」王嘉答得很妙，祇說：「略得到就說得到，什麼叫做略得！」於是就把王嘉給殺了。這就是王嘉所指「宿債未了」，其果報至此方了；他可說未卜而先知了。姚萇死後，他的兒子姚興即位，方得打敗苻登而稱王。姚興字子略，王嘉所謂「略得」二字。姚萇聽了大怒，就說：「得」乃是指此而言。王嘉字子年、洛陽人。形貌鄙俗醜陋，性滑稽，喜歡開玩笑，不食五穀，而形神清虛，人多宗奉他。凡有人問他善惡，嘉隨機應答，語多可笑，狀如調侃戲謔，言辭亦似讖語，不可領解，然而事後無不神驗。苻堅曾徵召他爲大鴻臚，他辭而不就。等到堅要南征時，先遣人問他吉凶休咎，嘉無言，乃乘著馬匹向東走數百步，故意失落靴帽，解棄衣服，狼狽馳奔而回，這就暗示將來壽春之敗狀。惜苻堅終不能悟。他的先見之明多類此。等到姚萇殺害王嘉的那天，有人在田隴上看見他。王嘉償還宿債的情況，跟安世高相似。他們都是得道的人，預先已知宿債必須償還，絕不能倖免；所以到臨時也都安然受報，毫不以爲意。未得道者則不然，不要說預先不知道，就是知道了，也必力求倖免，臨時既不能甘心受報，事後又必求報復。此所以寃寃相報永無已時呀！

七、火化焚身舌不焦爛的

——鳩摩羅什

一、身處母胎，便多異徵

鳩摩羅什法師，原名叫做鳩摩羅耆婆什。翻譯爲中文爲「童壽」——卽童年而有耆德的意思。他是天竺人。師家世很好，家族世世代代都是位居國相，其祖父達多，個性豪放，在當時很有名望。他的父親名叫鳩摩炎，炎聰明而有美德。在他將要繼承宰相位置的時候，卻辭讓而出家了。炎向東度過葱嶺，來到龜ㄑㄧㄡ茲ㄘ國，龜茲王久仰他的美德，又聽說他拋棄相位，置榮顯於不顧，知道他必非凡品，所以對他感到特別崇敬。就當他將要入境時，卽親自率衆出郊歡迎，恭迎回國後卽尊禮他爲國師。龜茲王有一個妹妹，正値雙十年華，才質優異悟性聰敏。讀書一經過目，就能理解；一經聽聞，卽能背誦。附近諸國都爭相禮聘，但她都不中意。可是一見到摩炎，心中便自默許；王知其意，就逼摩炎和他妹妹成親，招爲妹婿。婚後不久，王妹就懷了羅什，羅什處在胎中時，就有異徵。他母親的智慧和理解力，竟比原來增加了數倍，更奇怪的是她忽然自通天竺語言，對於別人所設的種種難ㄋㄢˋ問之辭，她都能應答如流，大家對這些異徵驚訝不已！就有一個羅漢說：「這必定是懷了一位智慧之子！以前舍利弗在母胎的時候，就能使他母親辯才無礙，這就是一個明顯的證明。」後來什母因出城遊觀，看見墳墓上的枯骨，縱橫狼藉，深深覺悟到人生的無常，及身是苦本，因此誓欲落髮出家修行，此後專精佛法不懈，終於證到初果（指聲聞修行所證共有四種果位，初果名須陀洹果，亦名預流果，華譯爲入流，意卽初入聖人之流，斷盡三界見惑。）的境界。

二、幼年出家，天資神儁

羅什七歲時，就出家爲沙彌，跟從他師父讀經書，每日誦偈ㄐㄧˋ千首，（偈，佛經中的詩句），每首偈有三十二個字，總共三萬二千言。其師又教授經中文義，他一經指點便能通達無礙，無復疑滯。什母因是王女，龜茲國人供養很厚，對修道之人頗爲不宜，於是什母乃決心携帶羅什走避他國。

什師九歲的時候，隨他的母親到罽ㄐㄧˋ賓國（今印度北部、克什米爾），就遇到名師盤頭達多，他是罽賓王的從弟（同一祖父的兄弟），盤師淵雅醇粹，器量宏深，博學而有才識，在當時可謂首屈一指，對三藏九部，無不博覽通曉。其名聲早已遠播諸國，遠近學者，都禮他爲老師。什師到罽賓國，就以師禮事奉他，跟隨他學了許多經籍。達多每每稱讚什師的天資神峻，沒有人能比得上。罽賓王聽到什師的名聲，就禮請什師進宮，並招集許多外道有名的論師，與什師相互問難辯論。最初，外道見什師年幼，不由心存輕視，言辭間毫不禮讓，什師却神色泰然，從容應答。一俟有破綻，就乘隙痛加反駁，予以重挫，最後那些外道都被駁得啞口無言，不得不爲之心服不已。經過這場激烈的辯論，罽賓王對他就更加佩服，每天賜以最上等的供養。什師所住的寺院也派遣大僧五人，沙彌十人，在師左右像弟子般照拂飲食起居，並替他擔負洒掃等雜務，其受尊重如此。什師以一稚齡的幼童，竟然能受到如此的禮數，絕非倖致。除因其資性優異，並得名師之益外，尤在其能奮勉自勵，始克有成。孔子曰：「無衆寡，無大小，無敢慢。」其言於此，又獲一明證。

三、偶戴鐵鉢，悟法唯心

什師十二歲的時候，他的母親又將他帶回龜茲國，各國聞訊，紛紛爭著以重爵禮聘他，但什師均不爲所動。什母帶他到月氏北山，那裏有位阿羅漢，一見到羅什，就知道他異于常人。便向什母說：「這小沙彌，應當好好守護著。如果年至三十五歲不破戒的話，就可以大大的振興佛法，度化無數的人。否則，只可以稱爲才明儁藝的法師而已。」什師後來到沙勒國，在一寺廟中，偶然好奇的將一個很重的鐵鉢，戴在自己頭上。這時他突然作念：「這鐵鉢又重又大，幼小如我怎麼竟能輕而易舉的將它頂戴在頭上呢？」一轉念間，驟覺那鐵鉢奇重無比無法支撐，竟不自覺向前一傾，鐵鉢即便滾落地上，此時羅什想再舉起時，卻怎麼也舉不起來了。他的母親問他究竟怎麼一回事，什師答說：「只因孩兒一念分別心生，故感鐵鉢的輕重懸殊若是。」從此以後，就深深體會到萬法唯心的道理了。

四、虛心勤學，體悟大乘

沙勒國有一個三藏沙門名喜見，看到了羅什，就對國王說：「這個沙彌，不可輕視，王應請他講法，可以得到二種好處：第一，對我國來說，在國內的沙門，一聽到他講法，就會感到慚愧，難道自己竟連一童子都不如嗎？便會奮自勉勵，努力修行了。第二，對龜茲國來說，龜茲王一定會如是想，羅什出于我國而他國竟如此加以尊重，眞可謂與有榮焉，這樣必能增進兩國的邦交。」沙勒王聽後覺得很有道理，就答應了。於是禮請什師升座說法。龜茲王果然派遣重使，來酬謝沙勒王。但什師並未因少年得志而自滿，反而更自策勵，奮勉倍昔。

凡人失意時，處之泰然，固已不易，而得意時，處之淡然，尤爲難得。常人略有小成，便得意而忘形；否則，亦安於小成，不知長進。老子曰：「大器晚成」，良非無故。什師以一區區少年，竟高居王者之師，得志於朝，道德學問俱獨步於一時，名聲傾動朝野，若此榮譽，古今中外，實不多見。師卻毫不以爲意，反更奮然自勉，實爲難中至難。非大智大賢，曷能如此。是知非具如此之學養與器度，則不足以稱之爲「大器」！

什師在說法之暇，就到處尋訪外道經書，由是先後博覽了四韋陀典①。以及五明②諸論陰陽星算等，無不一一深加研究，並能妙達一切吉凶禍福，而且每次推測，都很靈驗。什師個性豁達，不注意小節，當時有莎車王子、參軍王子，兄弟二人，拋棄國家來跟隨什師出家修道，並且特別向什師介紹大乘義理。什師最初對大乘頗感疑惑，難得的是他並不拘執成見，肯虛心接納，於是用心的研究大小經論，並加以綜合比較，經過一段時日的參究後，什師始知大乘經論，確實殊勝有理。於是深感慨歎的說：「我以前學小乘佛法，就好像一個人目不識金一樣，竟錯把一種似金的石子，認定是金了。」從此就開始廣求大乘義理，尤專心於鑽研中論、百論、十二門論等般若經論。

五、方便度化，折服外道

後來什師隨母來到龜茲北界的溫宿國。羅什剛到彼國，該國久聞什名，爭欲瞻仰或問道。而當地卻有一個道士，心有不服，這位道士因擅長辯論術而名震各國，因此他對自己的辯才極爲自信，便以無比狂傲的氣勢敲擊王鼓，向大衆宣稱說：「

假若有人辯論能勝過我，我願以頸上的頭顱作爲賭注!!」其狂態，眞可謂目無餘子。其意態很明顯是針對什師而來。羅什沙彌爲度化這道士，僅用二個巧妙的問題，便把這位狂妄的道士難住了，一時竟不知如何置對。那道士雖曾經自誓，輸了便要斬首以謝，但什師心懷慈悲，只不過想藉此折服外道，方便度化罷了，自然不會要他的頭顱。那道士在稱謝之餘，就心悅誠服的向他稽首頂禮，並歸依佛法了。從此以後，羅什的威名更因之大振於西域。消息傳到龜茲，國王親自到溫宿國，把什師迎接回國。於是大開法席，請他廣說諸經，四方遠近的學者，都敬服其才學，而不敢與他對抗。當時國王之女，出家爲尼，名字叫阿竭耶末帝，曾經博覽羣經，特別精通禪要，而且已修行證得二果③。她在聽到什師講法後，歡喜讚嘆得未曾有。於是更請敷設大座，開講方等諸經，什師因此愈能暢懷發揚佛法妙旨，推闡辯論諸法，縱橫自如。當時與會大衆，聽聞以後，沒有一個不深受感動，咸以聞法太遲而深感遺憾。

六、法緣在東，倍加精進

什師在二十歲的時候，就在王宮中受戒。羅什母預知龜茲的國運將衰，法運也將隨之而衰。於是就辭別龜茲，到天竺去了。什母在臨行時，曾告訴什師說：「方等諸大乘經典，將會大大闡揚於東土，你的法緣在彼，而且也祇有你足以振興佛法，但對你本身將大不利，奈何？」什師卻泰然說道：「要行菩薩的大道，就應當爲法忘軀；因此祇要使大化流傳，縱使赴湯蹈火，也在所不辭。」於是獨留龜茲，更加精勤讀誦修行，以等待機緣的成熟。

七、飲水思源，化度恩師

羅什大師在龜茲停留的二年中，廣誦大乘經論，功行倍進，對大乘的微妙奧旨所悟更深。在此期間，國王特別爲他造了金獅子寶座，並舖上最名貴的中國錦繡，恭請什師昇座說法。什師並未因此而忘其所以，他深明飲水思源之道，念及他的小乘師父，尚未能聽聞大乘的義理，悲憫之心油然而生，便起感恩化度之念，於是就對國王說：「家師猶未悟大乘義理，我想親往說服。」事有湊巧，就在這時他的師父盤頭達多，忽然不遠千里而至。國王頗感詫異的說：「大師何以不遠千里而來？」達多就說：「此來，一則聞知我的弟子所悟非常，意欲前來參訪。二則聽聞大王要弘贊佛道，稀有難得，所以不辭冒涉艱危，遠來此地。」什師見到恩師竟然翩然降臨，眞是喜出望外，正可藉此得遂其本懷。卽爲其師說因緣空假的大乘敎理。這些道理是達多與羅什以前所不能信受的。達多聽後便說：「你說一切皆空，這是極可怕的論調，那裏有捨去空法而愛著有法的呢？譬如：『從前有一個痴人，令織匠紡布，事先講好要織成最細的質料，織匠就加意紡織，所織之布細若微塵，但那癡人仍嫌其粗劣，織匠認爲這人苛求無饜，立時大怒，以手指著天空說：「這是最細的線。」那癡人問他何以看不見呢？織匠就說：「這線極爲細微，卽使那最優秀的巧匠尚不得見，何況他人？」痴人聽了大喜，便付了優厚的工資離去了。』你所謂的空法，不是就跟這個癡人一樣。」什師乃依據大乘空義，婉轉陳述小乘的偏執與不究竟，橫說豎說，上下縱橫，引經據典，再加上自己的親身體證，往復至一個月的時間，方使其師信服。達多至此時方歎息的說：「老師所不能通達的，反須藉學生來啓發，可謂聞道有先後，悟道各不同。今天可算得到驗證了。」其師於是反禮羅什爲師。對什師說：「我是和尚小乘師，和尚是我大乘師。」這是一幅多麼感人的場面啊！羅什悲心度師，乃飲水思源，固是難得。其師虛懷若谷卑己以從其徒，這種惟眞理是求的精神，則更爲不易，其師徒二人可謂相得益彰了。假若其師惟知師心自用，予智自雄，則永無聽聞大乘佛道的一日了。

八、苻堅慕德，大軍迎師

西域諸國，對什師的神儁，無不拜伏。每次昇座講法，諸王皆頂禮恭迎，並長跪座側，令什師履踐登座，其被尊崇之程度，眞是無以復加了。什師的名聲不僅廣佈西域，同時亦遠揚至中國。其時正是我國晉朝與五胡十六國並峙的時代，前秦苻堅僭號（僭越名號）於關中，有外國前部王，及龜茲王弟一起來朝見，苻堅於正殿召見，二王告訴苻堅，西域產有許多珍奇玩物，請出兵平定，以求內附中國。至苻堅建元十三年，太史觀察星象，就上奏道：「天上有一種奇異的星座，見於外國星宿的分野之際，應當會有大德智人，入輔中國。」苻堅就說：「我很早就聽說西域有位異常卓絕的大師鳩摩羅什，可比坐鎭襄陽的中國沙門道安法師。當係此人了。」即忙派遣使者到龜茲去求，但未獲結果。建元十七年，鄯善王等又勸說苻堅，請兵西伐。於是在十八年九月，苻堅派遣驍騎將軍呂光、陵江將軍姜飛等，率兵七萬，向西討伐龜茲、烏耆等國，迎請羅什大師。

呂光率軍將出發時，苻堅爲他們餞行於建章宮，並叮囑道：「此行並非貪地而行討伐，實為仰慕懷道聖人的緣故。聽說西域有一個大師叫做鳩摩羅什，他深解法相，通達陰陽星曆，頗為宿學所推崇，我久仰其名，亟思迎請；此輩賢哲的人，為國之大寶，假若能制勝龜茲，即刻派傳驛馳返中國，不得有誤。」在呂光的軍隊，尚未到達龜茲時，什師立即告訴龜茲王白純說：「我國國運就要衰微了，不久當有敵國自東方來，應該恭敬承奉，不要抵抗。」然而白純卻不聽從，而奮起迎戰呂光的軍隊，呂光就攻破了龜茲，殺了純王，而立純弟震為國王。

九、磨難紛至，什師忍辱

呂光既得什師，並不知道他智量的高深，見他年齡尚小，乃以常人視之，強迫什師娶龜茲王女為妻，什師拒而不受。呂光強辭奪理的說：「有道之士的德操，不應該超過他的父親。你的父親尚且娶妻，你為何反不娶妻呢？」於是逼迫他喝下烈酒，令大醉後不省人事，遂將王女與之同閉密室，令虧其操守。凡此種種對什師之摧殘，終於應驗其母所預言，東行將不利於其身的讖語。呂光至此猶覺不足，又令他騎牛及乘惡馬，加以百般侮辱。為法忘軀的什師始終心懷忍辱，故而在這樣無理的折辱下，他非但容色如故，即連眉毛都沒皺一下，終因忍辱之功德，感動了呂光，使他自覺慚愧而作罷。

一〇、屢現靈驗，呂光不悟

呂光携師率兵旋歸，中途安頓軍隊於某山之下，當時將士已經解甲休息。什師素來通曉吉凶禍福之理，一見此山地勢凶頑，就勸呂光不可駐軍此處，應該遷到田壟上駐紮，但呂光不予採納。到了晚上果然大雨傾盆，山洪暴發，水深數丈，兵士死者數千人。光與師等走避山上，倖免於難。呂光這才暗暗驚奇師的異才。師對光說這裏是凶亡之地，不宜久留，應儘速言歸，中途必會遇到福地可居。呂光至此就不敢不信從什師的話了。當他們行到涼州的時候，就聽說苻堅在淝水戰敗後，已爲姚萇所害。呂光所率三軍全部縞衣素服發喪，就不打算再回長安，乃在涼州（在今甘肅省地），自立爲王，竊號關外，稱年號爲「太安」。自呂光自立後，反叛他的事件層出不窮，其成敗吉凶，什師都預知而一一應驗。不久，呂光也就死了。由其子呂紹襲位，僅數日，呂光庶子纂又殺紹而自立，稱元「咸寧」。纂即位後，宮中妖異時見，什師就勸他宜克己修德，否則，國中將發生變亂，纂不聽。果然在次年，纂卽爲呂光之姪呂超所殺，立其兄隆爲王。時人方知什師之言，無不靈驗。什師在涼州多年，呂光父子，悉不知弘道，所以祇有暫時蘊藏對大乘佛法的深解，無法宣揚教化了。

一一、歷經波折，姚興迎歸

苻堅是最初迎請什師者，可惜未及親見便已身亡。等到姚萇僭有關中，國號「後秦」，聽到什師的高名，就虛心邀請。但呂光子姪輩皆以什師智計多解，恐師爲姚萇計謀，對己不利，所以不許什師東去。等到姚萇去世，他的兒子姚興繼位，又派遣使者敦請什師東來，仍然未獲結果。姚興弘始三年三月，有一棵連理（樹名，其枝及幹連生爲一，故名。自古以爲祥瑞之徵。）生於廟廷，逍遙園所植的葱，忽然變爲茝（ㄓ卽芷，香草名），大家都以爲是吉祥的徵兆，且認爲必定會有聖人來到中國。到了五月姚興派兵向西討伐呂隆，隆軍大敗，只得上表歸降，至此方得迎接什師入關。計前秦苻堅發兵迎師，到後秦姚興迎師入關，中間歷經了二十年之久，其間苻堅兵敗身亡，呂光於涼州自立，不久亦亡，此後禍亂相乘，歷呂紹、呂纂二主，亦相繼而亡，最後由呂隆（呂光姪）爭到王位。苻堅之後，姚萇繼之興於關中，萇求什師不得，至其子興始得遂所願。此事可謂歷經波折，而人事的無常，世事的滄桑，亦可見一斑了。

弘始三年，十二月二十日，羅什大師終於被迎到長安了。姚興親自出迎，文武百官羅列兩旁，萬人空巷場面熱烈。姚興待羅什以國師之禮，優寵備至。每次相對言談，娓娓終日不止。而姚興對於佛理至精微奧妙處，無不盡情請益，至於窮年累月，不知疲倦。

一二、演譯諸經，盛況空前

佛法之東來，開始於漢明帝時，中間經歷了魏晉，經論的翻譯日漸增多，當時常用我國學術如道家、儒家的名詞來解釋佛經，因此往往辭不達意。而前此支謙、竺法蘭等人所譯的經典，亦多半艱澀難通。姚興自幼崇敬三寶（佛、法、僧稱三寶，依之而行，可以成佛），銳志于講經說法的推展。自禮羅什爲國師後，乃請師及其徒眾到西明閣，及逍遙園（在長安西北），翻譯諸經典。什師幼時即能背誦許多經籍，而且都能究盡其理。並且也通曉漢語，因此在語音的翻譯上自然就流利暢順。師觀覽舊譯經典，文義有不少錯誤，譯文與梵文原本不能相應，往往失去佛法本旨。於是姚興便召集沙門僧䂮、僧遷、法欽、道流、道恆、道標、僧叡、僧肇等八百餘人，可謂極一時之選，派給羅什差遣。於是又譯出大品般若諸經，羅什持梵文本，姚興執舊經，來互相校對。其所譯出的新文，凡有不同於舊譯的，其文義都圓融通達，於是衆心無不貼伏而交口讚嘆。

羅什除了譯經外，還常應諸文武官員之請，於長安大寺講說新譯的經典，續出諸經有小品金剛般若、十住、法華、維摩、首楞嚴、持世、佛藏、菩薩藏、小無量壽、禪經、禪法要、彌勒成佛、彌勒下生、十誦律、菩薩戒本、中論、百論、十二門論等諸經論，凡三百餘卷。都能暢發佛法宗旨，闡述幽微深奧的義理。當時四方大德僧侶，雖在萬里之外，也必趕來座下聽經。這種盛況可謂空前，就是在千餘年後的今天，斯情斯景都是令人心神嚮往。當時的俊彥（才德超人之士），如住持龍光的道生法師，雖慧解過人，對於佛理也能淵淵入微，但是一有疑難，就親自入關請益。又如坐鎮廬山的慧遠大師，學貫羣經，爲一時之泰斗，每有疑義，也常通信諮商請教。這不但可看出舊譯諸經，多不能饜足人意，致疑難滋多，而且也可以看出古德之虛心與什師學養的高超了。什師在譯經之餘，常感歎的說，西土文字（印度文字）與東土文字(中國文字)文體不同，雖各擅勝妙，但一經翻譯梵文爲漢文，就失去他的味道，雖能得其大意，也好像嚼飯與人，非但失去原味，也令人作嘔。才高學博如什師者猶覺翻譯之難如此，其他自不必多論了。就如現在中文翻成英文，或英文翻成中文，其困難情形也正一樣。譯者縱然可以翻出大意，至其精微奧妙之處，則非翻譯所盡能爲力了。

一三、王賜歌伎，羅什吞針

什師爲人神情鑒徹，傲岸出羣，應機領會，無人可比。最難得乃在其性情篤厚仁慈，時時以汎愛爲心；又能虛心接納善言，循循善誘，終日不倦。姚興曾異想天開的對什師說：「大師聰明蓋世，悟機超妙，天下無雙，倘使一旦去世，豈不使法種絕後了嗎？」在姚興看來，以什師的聰明智慧，若能娶妻生子，必獲麟兒。於是遂以歌伎美女十人，逼令什師接受，並且特別爲師另建官舍，供養豐足，從此不讓師再住僧舍，什師祇有勉強接受。此再度應驗了其母所誡「法緣雖在東土，但於其本身不利」之預言。

什師何以會接受這無理之要求呢?豈非使僧眾滋生疑惑。以為大法師尚可如此,那麼僧眾豈不都可任意破戒了。什師亦深恐大眾誤會,就常在說法時對大眾說:「若在染汚的臭泥中,生出清淨妙潔的蓮花,你們但採妙蓮之潔淨,不可取法臭泥的染汚。」一般人常會將己心比量聖人之心,以為聖人尚且如此,何值尊敬。因此,什師為免大衆起輕慢心,心想若不以實際行動作證驗,則難服衆心。一日,什師與衆共進午齋,師在餐桌上放置一個盛滿鐵針的鉢,並宣告大衆說:「各位如能學我將這一鉢的針吞下,就可以行我所行為我所為。否則,大家各各安心辦道,謹守戒律,莫再滋生妄想。」說完話,立刻將那滿鉢的針呑下,好像吃飯一般稀鬆平常,並能進膳如常。目睹這稀有的示現,大衆目瞪口呆,都感慚愧不已,從此大衆謹守戒律,不敢稍有逾越了。敍述至此,也許有人會生疑問,為什麼羅什大師可以破戒,別人却不可以呢?這個道理可用個比喻來加以說明。譬如我們練習書法,通常先習楷書,功夫相當後,再及草書,則可揮灑自如了。假如不肯按部就班來,逕自練習草書,那就變成鬼畫符了。因為楷書一筆一劃,每一筆皆不苟,就是所謂規矩,必先「有規矩,然後有變化」神乎其技,存乎其人。否則欲速而不達,就會弄巧成拙。彼聖人的境界，原非凡人所能揣度。但爲方便度化，隨順環境，不得不加以權巧變通。至若凡夫則是隨緣卽變，非若聖人隨緣不變。譬如隨勢滾動的車輪，在前進中，永遠有個固定的軸心，聖人的「不變隨緣，隨緣不變。」就是這個道理。

一四、火化焚身，舌不焦爛

某日，羅什法師自知世緣將盡，於是召集衆僧，向大衆告別說：「我世緣已盡，不能與大家共同主持譯事。自慚才智闇昧，謬充傳譯，但所譯出的經論凡三百餘卷，除一部十誦律，來不及刪繁就簡，存其本旨外，其他必定不會有差失。希望凡所有宣譯諸經論，都能流傳後世，願大衆共助弘揚流通。現在我於衆前發誠實誓言：『如我所譯，沒有錯謬，當使我在焚身之後，舌根不會焦爛。』」

羅什法師在僞秦弘始十一年八月二十日卒於長安。徒衆卽在逍遙園，依天竺的習慣舉行荼毘（火化），用火焚化屍體。當火化完畢，衆人果然發現正如什師所立誓言，遺體皆成灰燼，唯獨舌根不會焦爛，這足可證實凡什師所譯的經論都是確實無誤的。歷代高僧做這樣類似示現的，也數見不鮮。羅什舌根不爛之徵，特其中一例而已。

龍樹菩薩爲印度大乘空宗之祖師，羅什乃其四傳弟子，其性空教理，在中國能盛行，並發揚光大，實乃什之功。羅什前有呂光所迫犯戒，後有姚興逼以十女妻之。故什師每列講習常先自說：「譬如臭泥中生蓮花，但採蓮花，勿取臭泥也。」以此而論什師之豁達不拘與道安之嚴肅不苟，各有不同。什師至中國時間雖不長，而其影響之巨實不可思議。其譯經事業之大，造就門下之多，就號稱有三千之眾，弟子中有四聖十哲，如北之僧肇、道融，南之道生、慧觀，乃其最著名者。而影響於我國思想界至鉅之佛教學理，得到紮實穩固之基礎，進而有完整體系之發展。如其所譯經論中：中論、百論、十二門論之於「三論宗」，成實論之於「成實宗」，法華經、大智度論之於「天臺宗」，阿彌陀經之於淨土宗等的立宗，無不受其譯經之惠。總之，所譯共九四部，四百廿五卷。大乘之確立，有大力焉。由是可知，什師對中國佛學之功勞，實不可磨滅！

附註 ① 韋陀，義譯爲智。意謂智慧的學問。這是印度最古的經典，當時祇有婆羅門可以研究。內容分四部份：一、壽：關於修身養性這方面的。二、祠：關於祭祀祈禱這方面的。三、平：關於占卜算命、兵法軍陣這方面的。四、術：關於禁呪醫方、伎數異能這方面的。

② 五明是印度的五種學術：就是語文學的「聲明」、工藝學的「工巧明」、醫術藥劑學的「醫方明」、邏輯論理學的「因明學」、宗教佛學的「內明」。

③ 聲聞乘的果位名，梵語叫斯陀含，華譯爲一來，意思是修到了此果位，死後投生到天上後，再投生到我們這個世界來一次，就不再來欲界受生死了。

八、與羅什共襄譯事的——佛陀耶舍

一、因父惡緣，出家修道

佛陀耶舍，譯義是「覺」的意思。他是罽賓人（今喀什米爾一帶）。本是印度婆羅門種①，世世代代事奉外道。（凡心外求法，不合眞理的稱外道）有一天，有一個沙門到他家來乞食，他的父親看到了就大發脾氣，指使僕人毆打那沙門。就在這時，他父親的手脚不知怎的忽就變得蜷曲不能自由活動了，心中不禁深感惶恐，就去請敎於巫師。巫師說，這是因爲冒犯了賢人，所以才會遭鬼神的懲罰。於是只有趕忙找到那沙門竭誠懺悔，數日之後也就痊癒了。他父親從此以後，看見沙門就恭敬頂禮，不敢再予輕視了。

二、遇虎不懼，膽識過人

因此事之啓示，就當耶舍十三歲時，其父就叫他出家修道。他出家以後，某次，隨其師遠行，在曠野中遇到一隻老虎，他師父感到很害怕，急欲走避。耶舍却從容不迫的說：「不必害怕，這隻老虎，不會傷害人的，因為牠已經吃飽了。」他師父還在疑懼之際，那老虎果眞不曾害人，就逕自離去了。於是師徒兩人繼續上路，果然在不遠的地方，他們就發現了一堆老虎所吃剩的餘骨，這足以證實了耶舍的判斷無誤。由耶舍對這件事的反應，充分可以看出他的智慧與膽識有過於常人者。他師父從此對他另眼相看。

三、日誦萬言，受戒期晚

當耶舍十九歲時，就已能背誦經文二三萬言。但因需時常外出乞食，所以荒廢了誦習。有一個羅漢，很愛惜他的聰敏，常將乞食所得分一半給師，使他無飢乏之憂，得以安心讀書。因此在耶舍十九歲時，已經能背誦大小乘經數百萬言了。但他性行傲慢，不拘形跡，頗以自己的知見自得，時常自鳴得意的說，世上還有誰有資格能當我的老師呢？因此，就不被其他出家人所器重。所以每當受戒時，無人願意爲他臨壇受戒。就因這樣舍師一直是個小沙彌（沙彌譯作勤習，意謂勤習衆善，息滅諸惡），無法晉升作比丘。（比丘是正式的和尚，必須受二百五十個具足戒）於是就跟從他的舅舅學習五明等諸論典，並綜覽世間法術。直到二十七歲，才受具足大戒，升格作比丘。他在經過這番磨難後，從此便斂心克己，虛心應事。他平日視讀書爲常業，經常手不釋卷。每次端坐讀書尋思其中的道理，往往過了午夜還不自覺，從他讀書的專精則知其好學深思的一般了。

四、耶舍羅什，賢聖相惜

後來耶舍至沙勒國，國王正邀請三千僧人聚會，耶舍卽參預其中。當時沙勒國太子達磨弗多，見到耶舍儀容服飾端莊文雅，就暗暗稱奇，於是就問他從那裏來？耶舍酬對應答清暢無比，令太子傾心不已。乃請耶舍留在宮內受他供養，待遇特別優厚。正巧鳩摩羅什也在此時來到沙勒國，就跟才高學博的耶舍受學，雖然羅什是後學，但耶舍並不輕視他，兩人惺惺相惜，互相尊重。後羅什跟隨其母同到龜玆，耶舍仍留在沙勒。兩人就分開了。

五、追蹤羅什，巧計脫身

不久，沙勒王薨，太子卽位。這時前秦苻堅派遣大將呂光討伐龜玆國要索羅什，龜玆王因情況緊急，卽刻求救於沙勒國。沙勒王親自率兵應援，臨行委託耶舍留在宮中輔助太子，就率兵出發了，可是龜玆在救兵尚未抵達時，就已敗北而交出了羅什。沙勒王歸國後，告訴耶舍，羅什大師已爲呂光所執。耶舍說：「我與羅什雖然相處很久，可惜並無機會與他暢論平生的懷抱。現在他忽然被執，不知要到何時才能再相見呢？」言下不勝感歎。

耶舍留在沙勒十餘年，然後向東來到龜玆。他所到之處，法緣都很盛。這時羅什在姑臧（甘肅涼州），特別遣人送信相邀，耶舍接信大喜過望，但在備妥糧食卽將出發的時候，龜玆國人卻堅不放行，因此只得留下。這樣過了一年，想想總不是辦法，乃心生一計，就對弟子說：「如果要決心前去追隨羅什，祇有秘密夜行一途。」他的弟子說：「就算我們夜晚能溜走，恐怕一到天明仍會被追及的。怎麼辦呢？」耶舍說：「這點請放心我自有辦法！」於是取來一鉢清水，投藥其中，然後持咒數十遍。就以這水洗足。便在當夜出發，等到天亮已行數百里了。耶舍問弟子們途中有何感覺？他們說：「只聽到耳邊風聲作響，眼中不時出淚而已！」耶舍又爲他們咒水洗足如故，休息一會，然後再行趕路。翌日清晨，等到龜茲國人發覺，想要再追趕時，師等一行已在數百里之遙了。

六、羅什力薦，姚興厚聘

當耶舍到達姑臧的時候，鳩摩羅什正好已到長安去了。並聽說姚興硬逼他接受美女爲妻，這本是極不合佛法的事。耶舍不勝歎息的說：「羅什大師是上品好材料，怎可任意加以糟塌呢？」羅什這時聽說耶舍已跟隨而來，就勸姚興派人去迎接，但未爲姚興所採納。不久，在姚興請羅什譯經時，羅什又極力的推介耶舍說：「欲令佛法弘揚，並能流傳永遠，非使譯文的文辭與義理都能圓融暢通不可，佛陀耶舍深達佛理，文筆雅達簡練，必可勝任譯事。」於此可見，羅什對耶舍之器重可說是無以復加了！自古文人多彼此相輕，凡才學名聞相當的人，無不互相輕視。今觀羅什、耶舍兩人的交契，能不令人感到慚愧嗎？姚興看見羅什如此推崇耶舍，不免爲之心動。於是就立刻應允，特派使者前往迎請，並致送厚禮示意以表尊重。耶舍因羅什的事（被迫接受美女一事），深有戒心，就委婉陳辭說：「旣承明旨相召，理應效命才是。施主（指姚興，出家人稱在家人，不論其地位身份一律稱爲施主）一向待人厚道，但如仍用待羅什之道對待我的話，那就不敢遵命了！」耶舍爲防範未然，所以事先就約法三章。並要使者先行回報，然後再定行止。這一招果然有效，於是姚興極力保證一定依約而行，於是耶舍始應允至長安參加譯事。如是耶舍羅什二人又再相聚首，可以說萬里他鄉遇故知，賢聖之相得，其歡暢之情自不待多言。

七、共襄譯事，不受報償

耶舍到長安後，姚興親自出迎，禮遇甚厚。並爲他在逍遙園別立新舍，四事（衣服、飲食、臥具、湯藥）供養週到萬分。但耶舍自奉甚儉，每日僅守日中（中午）一食之訓，其餘一概不受。日後姚興供養更多，衣鉢臥具堆滿三間屋子，他一概淡然處之。

當時羅什正在翻十住經，而疑難時出，著筆爲艱，正好耶舍適時趕到，就共同研究諮商，辭理始愜。在場供役的道俗（出家及在家）三千人都歎賞其譯筆的精簡扼要。因耶舍的臉上長滿赤色的鬍子，又因平生善解毗婆沙論（譯爲廣解），時人乃稱他爲「赤髭婆沙」。同時又因他是羅什的老師，所以又叫做「大毗婆沙」。

耶舍爲人博聞強記，過目不忘。有一次司隸校尉姚爽存心試探他，要他背誦艱澀難讀的羌籍藥方，大約五萬言，並手持原文對照。他朗聲背誦一遍，居然不落ㄌㄚ一字。因此沒有人不歎服他強記的工夫。耶舍於弘治十二年譯出四分律②共四十四卷。並取出長阿含經等，由涼州沙門竺佛念譯爲中文，由耶舍口授，而道含筆錄之。至弘治十五年完成。姚興致送耶舍布絹萬疋ㄆㄧˇ，他一概不受。道含、佛念兩師各布絹千疋。參與譯事的名德沙門五百人，也都各有重賜。後來耶舍辭還西域，至罽賓後，不知所終。

附註

① 印度分人民爲四級：一、婆羅門——教士，二、剎帝利——王族（武士），三、吠舍——農商，四、首陀羅——賤族（奴隸）。婆羅門是梵語，義譯爲淨行，奉事大梵王而修淨行之族。

② 律學重要的典籍。將律學分爲四部分：一、比丘法，二、比丘尼法，三、受戒法，四、滅諍法。後來唐道宣律師所弘的律，就是四分律。

九、生公說法頑石點頭的——道生法師

一、器識宏偉,慧解過人

道生法師,本姓魏,是河北鉅鹿人,寄居彭城,其家世代本仕宦之族。生公幼而穎悟,聰哲如神,他父親知他非凡器,非常鍾愛他。後遇沙門竺法汰,就改俗歸依佛門,服膺受業。旣入法門,智慧大開,研尋經義,即自開解。年方十五,便登講座,議論風發,其言辭圓潤似珠玉。雖是那些宿有名望的僧人,及當世名士,與他辯難,莫不爲之詞窮理屈。師二十歲時,器識更深,性度機警,神氣清穆。師於是年進入廬山,屛絕塵緣,幽棲七年。常以爲欲深入佛法,非慧解不能。因此鑽仰羣經，斟酌諸子雜論，雖萬里求法，不憚疲苦。後與慧嚴同遊長安，從羅什受業。關中諸僧，凡見過生公的，未有不欽服其妙悟神契。當時名士如王弘、顏延之也都仰其風采而心悅禮敬。

二、生公說法，頑石點頭

生公鑽研佛法日久，已能徹悟言外之旨。乃喟然歎息道：「言辭文字只是一種工具，本不過是用以表達佛理的，佛理若眞通達了，便不會死在文字下。自佛典東流中國，由於輾轉的翻譯，人多拘泥經文，不知變通，所以就不能圓融佛理。果能得魚忘筌（只要得到了魚——文義，就不必拘執捕魚的筌——文句），才能深契佛理。如此才可語於道了！」於是校閱眞俗書籍，研思因果關係。乃言「善不受報」，「頓悟成佛」的理論。又著二諦論，佛性當有論等，都能廓淸舊說，妙發淵旨；因而引起拘守文義之徒的嫉妒。初涅槃經後品未至，生公熟讀久之，剖析道理，深入隱微，乃說「一闡提」人（斷善根極難成佛的人）皆得成佛。這種說法在當時可謂聞所未聞，全係創見；舊學之徒，都以爲有違佛法原旨，必是邪說惑衆，在戒律上應當加以擯棄。生公乃在大衆前正容宣誓道：「如我所說，不合經義，願此身得惡報。如果實契佛心，願在捨壽時，高據獅子寶座。」說完了，便逕自離去。生公後遊吳之虎丘山，不數日卽有學徒數十人向師求法。生公嘗豎立石頭爲聽衆，開講涅槃經，講到「闡提也有佛性」處，就問衆石頭說：「如我所說，契佛心否？」羣石皆爲之點頭首肯。因其能闡發經中幽微之義理，妙合佛心，賴此至誠，感動頑石。這就是「生公說法，頑石點頭」的典故①。至今虎丘山上，有千人石，據說就是當年生公說法處。後來曇無讖譯涅槃經後品，果然稱「闡提悉有佛性」，與生公從前所說正若合符契。生公慰喜不能自勝。生公旣獲新經，不久卽講說涅槃經。在宋元嘉十一年冬十一月，在廬山精舍說法，升獅子座，神色開朗，德音俊發，反覆論議，窮理盡妙，觀聽之衆，莫不怡悅嘆未曾有。正在法席將畢之時，忽見麈ㄓㄨˇ尾（魏晉清談者，喜執麈尾爲拂子以助言談，後講法指授之時亦習用之）紛紛墜下。聽法大衆駭然，趨前探視；只見生公端坐正容，憑几而卒，顏色如生，好似入定一般。正應前言捨壽時，據獅子座之預言。於是四眾道俗無不驚駭嘆服，遠近徒衆皆相悲泣。至此京師諸僧，方覺愧疚，追念生公前語，無不信服其闡提佛性之卓見。生公神鑒之至，感應徵瑞竟至於如此。後其徒衆將師禮葬於廬山之阜。

① 生公說法，頑石點頭事，見歷代佛祖通載卷八。

十、智鬪婆羅門的——釋道融

釋道融，河南汲郡人，十二歲出家，其師見他神彩過人，就先令他在外求學。融師平日惟靠借讀書籍以滿足求知欲，但他借書，當日即還，從不擱囘。其師疑怪不置。乃當面執卷相試，他竟都能背誦如流，不誤一字。不禁歎賞不已！於是任他到處遊學。到了三十而立之年，才氣識解卓絕英邁，內（佛書）外（諸子百家）經書，瞭如指掌。融師因聞知羅什在關中，所以特地前往，以便就近請益。羅什一見道融，就很器重，便對姚興說：「昨天一見融公，就知他是奇特聰明的釋子。」姚與即請引見融師，見後也為之歎賞不置。因此請他進入逍遙園，助理什師譯事。並開講中論、法華，什師親往聽講。因贊歎道：「佛法之興盛機運，當有賴融公這樣的人材！」

不久，獅子國有一婆羅門，聰明博學，才辯非常，西土俗書，幾乎讀徧，爲彼國外道所推崇的頂尖人物。彼向來自負甚高，聞什師在關中大行佛法，心中大爲妒忌。就告訴他的門徒說：「豈可任釋氏之風，獨傳中國；而我們的大法反而湮沒不傳，眞是豈有此理。我一定要摧破彼法，使我們的大法東傳！」當時其氣燄之囂張固可想見了。於是乘著駱駝並載其書東來，進入長安。姚興召見他，因見其口辯敏捷，也頗爲所動。婆羅門宣言道：「至道本無定論，各憑本領。現在請與中國僧人辯論，看誰辯勝，就當讓誰的大法傳揚！」其氣勢之凌人，實不可一世。姚興卽准其請，當時關中僧衆，都畏其氣燄，莫敢支吾。羅什乃告訴道融說：「這個外道聰明過人，而且志在必勝。若使外道得志，則法輪必遭摧折，豈可坐視不理呢？就我所觀察，惟有你能對付他。」道融自顧才力不減於婆羅門，佛法豈容他人任意輕蔑。爲求知己知彼，乃暗地裏差人將婆羅門所讀過的經書目錄抄下，然後一一加以披閱，聰明強記的他，一經披覽卽能成誦。其後，在選定的日子公開辯論時，姚興親自出席旁聽，公卿大臣聞訊都從各處會聚於長安。關中僧衆，也由四方紛集。此時眞是車水馬龍盛況空前。融師與彼婆羅門，各憑才辯學問，針鋒相對，融師辯鋒捷出，經反復辯難，終於壓伏婆羅門，使之理屈辭窮。但彼猶自以廣讀諸籍相誇耀，以爲此乃融所不及。融師也廣列其所讀之書，內中除婆羅門之書外，並列有中國經史名目，二人相較之下，融師竟多出三倍有餘。婆羅門至此滿心愧悔慚伏，頂禮融足，始自認輸。不久，就悄然離去。法運之所以再興，融師之力也。

二、三睹勝境沈默不言的淨土宗初祖——慧遠大師

一、佛道流傳，其必遠乎

慧遠大師，俗姓賈，山西雁門人氏，從小就喜好讀書，天資秀發。年十三隨其舅父，背井離鄉，遠出求學於許昌洛陽一帶。少年時代的他即博通六經，尤其擅長老莊之理。師氣度弘偉，風采俊拔，鑒識明朗。即使那些號稱有學問的宿儒，也無不驚服。遠師年二十一歲時，想到江東從范宣子求學，正值石虎已死，中原一帶盜賊騷擾，道路不寧，故未能如願。

這時，道安法師立寺於太行恒山，弘揚佛法，聲譽甚隆。慧遠就投依道安。師

一見到道老，就頗感投契，以爲眞吾師也。後來聽講般若經。豁然有悟，知儒、道、百家非究竟圓滿之學，唯佛法方能了生脫死得眞實受用，遂慨然與其弟慧持落髮出家。出家以後，以大法爲己任。精思諷誦，日以繼夜，兄弟恭敬，始終不懈。道老常讚歎的說：「將來能令佛道流傳的，必將是慧遠賢者！」遠公年二十四，便登座開講佛法，曾有一人在座下聽講，一直不能融通其理，經往復問難，疑惑仍多。遠師乃引莊子義理，使之觸類而旁通之，終於使他恍然大悟，無復疑滯。

二、以杖扣地，清泉湧出

遠師後來隨著道老南遊樊城、沔縣。僞秦建元九年，秦將發兵兼併襄陽。道安法師因被朱序所拘，欲行不能。於是遣散徒衆，各任所往。臨行，那些素稱長德者，道老無不對之叮嚀再三，獨對遠師不及一言。慧遠心中疑怪，就請示道老說：「遠雖不肖，尙屬可敎，何以對大衆都訓勉有加，獨不及遠呢？」道老說：「賢者上等根器，素知自愛，又何待叮嚀呢？」道老對遠師的器重，當可想見了。遠師乃與弟子數十人，南往荆州，住在上明寺，後來想前往廣東羅浮山居住，而當行經江西潯陽，因見廬山山水清靜，適合修行，即依止其處。初住龍泉精舍。但以此地沒有水源，遠公就以手杖扣地說：「如果此山可以棲止，願此朽壤即時流出清泉。」語尚未畢，清水如泉，源源而出，不一會兒竟然滙成一股清溪。其後不久，潯陽亢旱，遠師乃親臨池旁，誦讀海龍王經，忽有巨蛇出現池的上空，須臾大雨滂沱。那年收成特別豐厚，故號精舍爲龍泉寺。

三、東林精舍，白雲充室

這時有沙門慧永，居住在西林，與遠師爲同門舊好，因見遠公法緣殊勝，便與刺史桓伊相商：「遠公弘法度衆，四方慕德來歸者日多，其龍泉寺已不敷使用，我雖欲容納，但住處褊狹，此事該當如何？」桓伊就發大心，爲遠師在廬山的東方建立佛舍殿宇，此即「東林精舍」創建之因緣。東林精舍，前臨廬山之秀美，後負（背負）香爐峰之雅勝，傍帶（映帶）瀑布之幽壑，屋基則隨山石之形累疊而成，屋宇用松木架構，倍覺古意盎然。縱目望去，唯見清泉環屋，白雲充室，純是一片地靈氣象。又在寺內另設禪林，俯仰其中，只見一片森樹煙霧凝聚，怪石幽泉，青苔嫩緣，山光雲影，爭共徘徊，凡是前來瞻仰之人，流連其間，莫不爲之神清氣肅，陶然忘機。

四、遠公誠至，育王像現

當時江西潯陽人陶侃鎮守廣州，有個漁人在海上見有神光，每晚光彩燦然，經過多日更加煥發，感到非常奇怪。就告訴陶侃，陶侃前往詳加觀察，竟然是阿育王像，即刻迎供於武昌寒溪寺。後來該寺住持僧珍於夏口夜夢寺中遭火，而供奉此像的房間，獨有龍神圍繞。珍夢醒後，急忙馳還寺中，果然該寺已被燒燬，唯餘供像的房間安然無恙。陶侃因爲像有威靈，就特別派遣使者往請，以數十人扛抬神轎，經由水路而行，神轎放置船上，不知怎的就沈沒了。陶侃爲人雄武，但素乏信實，所以神靈不享。因此荊楚之間有風謠流傳云：「可以誠致，難以力招。」等到後來遠公創佛寺既成，誠心禮請，至誠感通，此阿育王像竟忽然浮水而出。於是即刻請回供奉，往還遠途毫無梗阻。從此才知遠公神感，一如荊楚風謠。遠公自此率領大衆精進行道，早晚不懈，釋迦牟尼敎化的餘澤，至此又復振興了。

五、創建蓮社，共期西方

由於遠公的德風感召，各方持戒精勤修行，及離塵絕俗清信佛法的人，都不期而至。如彭城劉遺民、豫章雷次章、雁門周續之、南陽宗炳、張季碩等都拋棄世間榮利，自遠方來歸。遠祖乃於精舍無量壽佛前，建齋立誓，率劉遺民等信士一百二十三人，建立蓮社，精勤念佛，共期往生西方。這就是中國創建「蓮社」的開端。

六、神韻嚴肅，伏物蓋衆

遠公祖師，神韻嚴肅，容止方正，凡是看到他威儀的人，沒有一個不感到心神戰慄的。曾經有一個沙門，拿著竹如意上山，準備供養法師，但數日之中，每見遠師威儀，竟凜畏不敢上陳，只好暗中留置几席之側，默默而去。另有一位慧義法師，爲人強毅正直，自謂平日無所畏憚，一日將上山造訪法師，就對遠公弟子慧寶說：各位想必都是庸才故將遠師推崇如此其實大可不必。是逕自上山來，正值遠公在講法華經，他在座下聽講，每次欲有問難時，就只覺心頭撲跳，汗流浹背，竟然不敢發語。出來後對慧寶說：「此公威儀望之凛然，令人震懾！」遠公伏物蓋眾往往如此。蓋以內蘊德器，外現威儀，望之自覺儼然可畏了。

又有一位叫殷仲堪的人，經過荆州，特地上山展謁致敬，與遠公共臨北澗，談論易學體要，師滔滔萬言，許久不倦。仲堪欽佩之餘不覺稱讚道：「法師不但通達佛法，而且深明易理，淵博若此實難企及！」又有司徒王謐，護軍王默等都欽慕大師的德風，對師無不遙致敬意，王謐寫信給遠公說：「我現在年始四十，而已經衰老如同六十許矣！」遠公答道：「古人不愛尺璧，而貴寸陰，試觀其中道理，似不在求長壽吧！你既信佛理，若果能奉行，必能有悟，豈不聞：「朝聞道，夕死可矣！眞能悟道，又何必求長壽呢？」

七、平等處世，無所取捨

當時盧循初據江州城，就到廬山訪遠公。遠公以少時曾與盧循之父盧嘏同爲書生，論行輩遠公是其父執輩了，遠公見到盧循就歡然道舊，朝夕相見。有僧人向遠公諫阻道：「盧循為國寇，如果與他交厚，恐啓人疑竇。」遠祖說：「在佛法中，以平等心處世，無所取捨，只要心地皎然，又何用擔心呢？」後來宋武帝追討盧循，設帳於桑尾時，左右說：「遠公向來主持廬山，與盧循交情很好，應多加注意。」宋武帝說：「遠公乃遺世獨立的人，豈有彼此的分別。」於是派遣使者前往致敬，並致送錢米以供養，至此遠近始服遠祖明見。

八、什師遠祖，相得益彰

當時江東一帶，經典甚少流通，禪法尚無所聞，律藏也殘缺不全。遠祖感慨道之不傳，乃派遣弟子法淨、法領等，踰越沙雪，遠行尋求衆經，歷時多年，方才歸返，因此獲得梵本多種得以傳譯。遠祖孜孜為道，務在弘法，每遇西域來賓，就誠懇前往諮訪。

遠公又聞鳩摩羅什大師入關，即致書通好。兩位大師彼此雖未曾見面，但早就互相心儀，他們為法向道之心都是同樣的懇切。遠公寫信致羅什大師：「去年收到姚左軍的信，承蒙關懷，無任感荷，仁者因前遠在異域，而當時中外音訊未開，而遠早已聞其德風而心生慕悅。但恨關山阻隔，各居一方，以致無法一見。只有遙相欣賞雅風與道範，而無由就近請益。負荷大法的人，必以一無所執爲心；且使功不在己。祇要法輪常轉於八正道（正見、正思維、正語、正業、正命、正精進、正念、正定）之路，並在三寶將盡之期，常宣法音，則必不讓龍樹專美於前。」羅什大師答書說：「經中言，末後東方，當有護法菩薩。勉哉仁者，善弘佛法。有五項必須具備的事：一是福，二是戒，三是博聞，四是辯才，五是深智。兼而有之者其道必隆。而仁者正可謂兼備這五項優點的人了。」遠公又與羅什寫信說：「聽說仁者將回本國（龜茲），令人悵惘不已。前此實因仁者翻譯諸經，所以未便諮問。以後恐機緣不再，故此條列數十事請敎，希望在暇時，一一爲遠解釋。這些雖非經中大難之處，但要取決於仁者，方能讓遠心安。」從以上史實，足可看出古德之交友態度，可說是「同明相照」「同氣相投」了，他們的學問無不是從謙謹中得來的。通常，彼此功名相捋，學問相當的人，就會互相妒害，互相批評，毫不容情。「文人相輕」就是此理。今見古德風範，眞令人神往！

九、感格桓玄，護持正法

桓玄征討殷仲堪，大軍經過廬山，就想請師出山，遠祖託病不出。因此桓玄親自入山相請。桓玄進謁遠祖時，一見祖面，不覺肅然致敬，因提出問題質疑。他問道：「儒禮以父母髮膚不敢毀傷。大師何以剪削父母髮膚？」遠祖說：「儒者立身行道，先全其形；釋門立身行道，務全其性。故不同也。」桓玄聽後稱善不已。因此其他問難的話，都爲之語塞，不敢再問。於是再請問這次征討之成敗利鈍，遠祖概不置答。桓玄出山後，顧左右說：「遠祖德風，實爲平生所未見。」桓玄挾其權勢，想延致遠祖爲其効力，以爲師一出山天下事可爲矣！於是寫信游說，勸師作官。師辭嚴義正，嚴予拒絕。桓玄莫奈他何？

不久桓玄因目睹佛門中的弊竇叢生，於是下令道：「沙門除能闡揚佛法，或能謹守戒行者外，其他悉皆迫令還俗。唯廬山是道德所居，不在其列。」遠祖致書桓玄道：「佛教陵夷（衰敗）已久，每一興念及此，就慨憤滿懷。竊見清澄諸雜濫道人，實合素懷。破邪貴在顯正，祇要涇渭分明，則清濁就可昭然。邪枉者卽可改正，不仁者自會遠去。其他矯飾虛僞者，從此斷絕以假亂眞之路。胸懷眞心者，也無背負世俗的嫌疑。從此佛道與世風交興，三寶從此復隆」。因此更推廣桓玄的條文法制，桓玄就助成其事。

十、遠師著論，不敬王者

當時有沙門是否應敬王者的爭論，遠祖乃著「沙門不敬王者論」凡五篇，大意說：一、沙門能導世人出迷途，開啓敎化之路。與儒家之道，殊途同歸。同有功於敎化，並可輔儒家之不足。二、沙門忘名利，道德高潔。使高超者流，挹其遺風；漱其流者，也可體味餘津。三、沙門出家離世以求其所志。與俗不同，其袈裟非朝廷之服，其鉢盂非廊廟(指國家)之器，沙門全是方外之人，故不應致敬王者。四、沙門近開人天之路，遠通出世之津梁，不但可以道洽六親，抑且可以使德澤天下。雖然不處王侯之位，而可助王者之化。是故在內有背於天倫之重，而不違其孝；在外有缺奉王之恭，而不失其敬呀！

陳郡謝靈運負才傲俗，於人少所推崇，及一見遠祖，肅然心服。遠祖內通佛理，外善羣書，而教化所及，道俗並沾其法味。

十一、三十餘年，迹不入俗

慧遠祖師，自卜居廬山，結白蓮社，三十餘年，影不出山，迹不入俗。專志淨土，澄心觀想，三次見到聖相，而沈厚不言。晉安帝義熙十二年七月晦夕，於般若臺之東龕，方從定起，見阿彌陀佛，身滿虛空，日光之中，有諸化佛，觀世音，大勢至菩薩左右侍立。佛告遠祖說：「汝七天後，當生我國。」又見蓮社中先往生者如慧永、劉遺民等，皆在佛側，向前作揖說：「大師早先發心，何來之晚。」遠祖道：「吾始居此，十一年中，三覩聖相。今天又得再見聖相，吾將必生淨土。」到八月六日端坐入寂，年八十三。門徒號慟，如喪考妣，道俗奔赴，接踵而來。遠祖以娑婆情重，恐難割捨，故早制定七日展哀之期，遺命使露骸於松下，旣而弟子收葬。潯陽太守阮侃，於山之西嶺鑿壙開塚。謝靈運為造碑文，銘其遺德。南陽宗炳（人名）又立碑於寺門。

遠祖一生，善作文章，辭氣清暢文雅，每登講席，談吐精簡而扼要。再加以容儀端整，風采灑落。門人畫其像於寺中，藉供遠近瞻仰。所著論序銘贊詩書收集十卷，五十餘篇，見重於世。遠師以僧節令人欽仰，其風範可謂善繼道安。

淨土宗歷代祖師：晉初祖廬山慧遠大師——蓮社第一位創始人。唐二祖長安善導大師——疏論淨土三論。唐三祖南嶽承遠大師——曾居衡山設教，從化者以萬計。唐四祖五臺法照大師——在五臺山建竹林寺，代宗尊爲國師。唐五祖新定少康大師——在睦州開念佛道場，在新定散錢於市，使小兒輩隨之念佛。宋六祖杭州延壽大師——即智覺禪師，本是法眼宗第三代祖，日課佛號數萬，作四料簡，提倡禪淨雙修，著有宗鏡錄百卷。宋七祖杭州省常大師——住杭州南昭寺，結社領眾念佛，度化緇素頗眾。明八祖杭州袾宏——號蓮池，因居雲棲寺，故亦名雲棲大師，融合禪淨二宗，以禪理疏成彌陀疏鈔，一生著作悉收在雲棲法彙中。清九祖靈峯智旭——字蕅益，自號八不道人，融會性相，扶持戒律，倡修淨土，著有蕅益大師全集。清十祖虞山行策大師——字截流，虞山普仁院，倡興蓮社，學者翕然宗之。清十一祖杭州實賢——號省庵，因參念佛是誰得悟，後專修淨業，著有勸發菩提心文。清十二祖紅螺際醒——字徹悟，號夢東，亦由禪入淨，著有徹悟禪師語錄，闡淨土法門。清十三祖蘇州聖量——字印光，深通經藏，力倡念佛爲不二法門，著有印光大師全集。

一二、流沙中的千古英雄——法顯

一、消災延壽，剃度出家

法顯與玄奘爲我國西行求法，前後兩位極傑出的人物。凡是稍知中國文化的人，沒有不知道他們的。主要原因有二：一因他們堅苦卓絕，不畏艱難爲法犧牲的精神，令人可仰。二因他們對中印文化交流有極卓越的貢獻。依據史書記載，中國西行求法的人，以魏朱士行爲最早，以後蔚成風氣。其中以法顯、玄奘二人最具代表性。他們均未假借任何外力，全憑一念求法之忱，在中西文化交流史上寫下極光輝燦爛的一頁。

法顯大師俗姓龔，是東晉平陽人。顯師本有三位兄長，都先後夭折了。其父深恐法顯也步乃兄的後塵，就在師三歲時，令他剃度出家，作個小沙彌。（當時民俗往往藉出家以消災延壽）法顯在剃度後，其父仍令他居住在家，不令住寺院。過了幾年，生了一場重病，就在奄奄一息之際，其父無法可想，就把病中的他送還寺院，住了兩天兩夜後，病況果然有起色，不久便復元了。法顯經這次磨難後，更堅定他出家的意願。其母因思念這個僅存的兒子，既想要他回來，又怕再遭災厄，於是便在住宅旁建了一座小屋，以便他隨時去來。法顯至十歲時，父母就先後病故了。至性過人的法顯，含悲盡孝，凡人子臨終喪葬之節，都執禮如儀。喪期過後，仍舊返回寺中。

法顯沙彌曾經跟他的同學數十人，在田中割草。不幸遇有飢賊要奪取他們的稻穀。衆沙彌都已嚇得四散奔逃，獨有顯師處變不驚，反而義正詞嚴的對羣賊說法道：「你們如果須要稻穀，就儘管取去好了，但我必須忠告各位：凡事都有因果，就因你們前世不知布施，因果相循，故感今生飢貧之報。如果今生仍不知修福，且要強奪別人的稻穀，恐怕來世將更貧困，我實在爲你們擔心。」那些飢賊感師語出至誠，頓時良心發現，急忙棄穀而去。衆沙彌們對顯師的急智與勇氣，都嘆服不已。

二、橫越流沙，九死一生

法顯受大戒後成爲比丘，志節行爲明達敏捷，儀節軌範整齊肅愼。顯師鑽研經藏，每嘆經律的舛誤和殘闕不全，便誓志西行求法。於是在東晉隆安三年（西元三九九年），與同學慧景、道整、慧應、慧嵬等從長安出發，開始冒著生命的危險，進行極其艱鉅而困苦的任務——西行求法。這一路上必須跋涉千里，歷經險阻，衝霜冒雪，忍飢耐渴，並時有疾病死亡之威脅，寂寞空虛之侵襲，其中可謂極盡人世最難堪困厄之境。非有最大之恆心、毅力、信心與意志絕不能成此偉業。顯師一行，首先遭遇到的困難，就是必須渡過一片流沙，這是一望無際的不毛之地，上無飛鳥，下無走獸，遊目四顧，只有茫茫一片，更不要說去測度方向了。每天只有觀察日出日落來辨別方位，有時還要借那殘留的人骨來當指標。流沙中又常有可怕的熱風與惡鬼，祇要遇到，必無生路。顯師等人憑著堅毅不拔的意志與信念，渡過許多險難，也不知翻越了多少山，渡過多少河才抵達葱嶺，嶺上冬夏不分，終年積雪。據說還有惡龍吐毒，又時有風雨沙礫的侵襲，山路異常崎曲難行，懸崖絕巖，壁立千仞，一望下去看不到底。昔已有人鑿石通路，傍邊設有梯道。幸賴有此方便而先後度過七百多所。又有許多懸於山壑之間的繩橋數十處，師等均一一攀附而過，此處，稍一失足即成千古恨事。他們所至之處，都是漢朝張騫、甘英等人所未履及的。好不容易度過了葱嶺，接著又度小雪山，在此遇到寒風暴起，此時同行的慧景突感寒疾，噤戰不能前行。就對顯師訣別道：「我已不行了！你們繼續努力，不要半途而廢！」說完就氣絕而死。顯師撫之悲感難抑！爲完成大願，只有揮淚而別，鼓勇前行。

三、爲法忘軀，感攝黑獅

顯師一行越過雪山，又先後經歷三十餘國，天竺（印度）已經在望。在離王舍城（中印度摩揭陀國）三十餘里處，有一座寺院，他們就在寺裏過夜。顯師等抵達王舍城後，就聽說耆闍崛（譯作靈鷲）山就在王舍城東北，於是必欲前往參拜。寺僧却警告師等說：「此道路況不佳，並有噬人黑獅，經常出沒，不可前往！」法顯說道：「我遠涉數萬里，歷經艱險，只有一個心願，就是要親至佛陀當年說法之處——靈鷲山（一說山頂似鷲，一說山中多鷲，故名）。瞻仰禮拜，以償宿願。縱有險難作梗，也決不退縮！」寺僧不得已，只有派二僧送師前往。顯師到靈鷲山時，日影西斜，便想留宿此山，彼二相送僧侶却因懼怕而先行離去。只留師一人單獨在山。面對聖跡，顯師懷著無比的虔誠，燒香禮拜，有如親覩佛聖一般，因思佛陀當時說法之盛況；撫今追昔，不勝感歎。

到了晚上，果然在他眼前出現了三隻兇猛的黑獅子。黑獅走來蹲踞在顯師身旁，只見牠們舐ㄕ唇搖尾，對顯師毫無傷害之意。顯師對之泰然自若，依然誦經不輟（停），一心念佛，獅子就溫馴的低頭縮尾，伏在顯師足前，若有所悟的聆聽著。顯師慈祥的以手撫摩獅子說：「若飢餓欲噬，待吾誦經畢，便當相捨；若僅欲相試，便可退去。」獅子盤旋良久，才依依離去。

黑獅兇猛成性，何以獨不噬顯師？究之古來祖師大德其德化所及，感通異類（飛禽走獸，蜎飛蠕動）之事，實數見不鮮！此因修行者，斷除瞋恚（音ㄏㄨㄟ）及殺害有情心，以慈悲故，見一切衆生皆如親人眷屬，此即所謂「無緣大慈，同體大悲」。故而野獸見到他，自不會心生畏懼，乃至加以傷害，此固慈心之所感。過去有一位潭州華林善覺禪師者，僻處深山修行。一日，觀察使裴休仰慕其道，遂至深山造訪，參禮畢，裴休問曰：「禪師！深山獨居，怎無侍者？」師對曰：「有一兩個！」裴休請相引見，禪師遂擊掌喊道：「大空！小空！」語方未畢，但聞吼聲咆哮，二虎出現；裴休一見大駭，驚惶失色，師乃斥之令去，二虎又吼哮而去！

昔釋迦在山間修行，感獼猴奉蜜供養，僧伽達多坐禪山中，羣鳥銜果相授，求那跋摩居虎市山，山本多虎，師悉感化遣去。凡此種種均是慈心所感。故知戒殺爲萬善之首，更爲長養慈悲心之要訣！而現世人類每屠戮萬物，視爲當然。究之，不過弱肉強食而已。而忍令鍋中生靈哀嚎而不一顧。「欲知世上刀兵刼，但聽屠門夜半聲。」不知世間刀兵刼不斷，即由此一念瞋惱心，遺後世無窮之禍患，可不愼哉！苟能一念轉瞋爲慈，即可化戾氣爲祥和矣！

四、途遇暴風，虔誦脫厄

顯師後來又到中天竺，在阿育王塔南天王寺得摩訶僧祇律，又得薩婆多律，抄寫阿毗曇心綫經、方等泥洹等經，法顯留在那裏三年，學梵語讀梵書，並親自書寫諸經・等到一切準備妥當；即攜帶經像，隨著商船，到獅子國（今錫蘭）。這時那些與顯師同來天竺求法的十多僧侶，有的客死途中，有的留在天竺，只剩他一個人，形單影隻，師撫今追昔，只有顧影淒然，悲慨不已。某次，有一商人，以中國產的白團扇供養他，師睹物不覺泫然淚下，興起故國懷鄉之思，於是萌生東歸之念。師在獅子國停留了二年，又得彌沙塞律、長阿含、雜阿含及雜藏等，都是中國所沒有的經典，便一一裝妥，準備帶回國去。

其後，正巧遇上一條要返回中國的船。師遂隨船，沿著海路回國。船上共有二百多人。舟行途中不幸遇上了暴風雨，船上的人都驚惶異常，紛紛取諸雜物拋棄海上，以減輕船中重量。顯師深恐那些經像也被拋掉，那麼數年經營，豈非毀於一旦。惶急中顯師只有一心一意默念觀世音菩薩聖號祈求加被，因此船在風雨中，竟安然渡過了。又經過了十幾天，就抵達離中國不遠的耶婆提國。在那裏停留了五個月，又換乘另一艘要開往廣州的商船出發。舉帆後二十多天，大風忽起，全船的人都震懼萬分。不知怎的竟遷怒於顯師；認爲這條船所以出航不利，就因載有出家人所致。大家不能因他一人而與之同歸於盡。想要推師落海，正商議間，那些隨從顯師回國的護法們，都仗義直言，厲聲呵斥說：「誰要推這出家人落海，便先推我們下去。中國皇帝本多奉佛敬僧，若有人敢如此胡作非爲，待回去稟告皇上，你們必會受到嚴厲的制裁。」衆人凛於護法們的聲勢，只有作罷。後來水盡糧竭，他們的船惟有隨風飄流，不久竟然飄到了岸邊，大家欣喜若狂。登岸後，看到藜藿等菜，知道已經到達了中國。但不知飄至中國何地？後來從二個獵人口中探知，此處是山東青州。青州刺史李嶷素信佛法，忽然聽說有沙門自遠方來，就親往迎接，禮遇顯師異常優厚。不久法顯即欲南歸，刺史本擬留師過冬。法顯說：「我投身萬里置生死不顧，就在決志弘揚佛法；現在此志尚未圓滿，不可久留。」刺史聞言，深受感動，乃厚賜護送而歸。

五、譯出泥洹，回祿不焚

法顯於東晉安帝隆安三年西去，於義熙十二年歸國，前後凡十五年（西元三九九——四一六年）終於安抵國門。法顯回到京師後就隨外國禪師佛馱跋陀，在道場寺譯出諸經律論百餘萬言。顯師譯出之大泥洹經，流傳佈化民間頗有感應：有某位在家居士，已失其姓名，居住在朱雀門附近，世世代代，奉持正法。並親手抄寫一部大泥洹經，每日誦讀供養。但因家貧，別無經室，只有與雜書共置一室。有一次，其室遭回祿之災，火乘風勢，頃刻延及全屋，家中所有東西都焚燒罄盡。只有此部泥洹經的手抄本完好無缺，那熾熱的烈火，竟未損傷它絲毫，連卷軸紙色都安然如舊。這靈異的事，立卽傳遍了京師，大家都共歎其神妙不可思議。後來顯師卒於荆州辛寺，春秋八十有六歲。

法顯西行求法之壯擧，可謂行人之所不能行，忍人之所不能忍，其所以能如此者，乃在以道自任，滿懷荷擔如來家業，捨我其誰之氣概。故歷盡千苦萬難，在所不辭。反觀今日之世雖亦不乏勇於冒險犯難者，其或橫越大西洋，或攀登阿爾卑斯山等豪擧，無不以打破世界紀錄，名留百科全書爲唯一之職志，倘就其個人名譽與成就而論，誠不可不謂轟動於一時矣！而觀法顯西行之擧，旣不爲名又不爲利，只爲求法，不計成敗；只爲利生，不顧得失。論其志，則爲普利有情；論其心，則爲慈悲濟度，此二者之相去實不可以道里計矣！

六、埋骨青山，何須桑梓

法顯不過是千萬個西行求法中，少數倖存者之一而已。而滔滔流沙之中，正不知尚有多少豪傑，因捨身求道，而埋骨其中。其事跡或不下於法顯等人，而其名則終古不爲人知。「士不可以不弘毅，任重而道遠，仁以爲己任，不亦重乎！死而後已，不亦遠乎！」吾人於此，能不對這些無名英雄們可歌可泣的悲壯精神，致最崇高之敬意嗎？卽此僅藉詩偈一首，以終此篇：

男兒立志出鄉關，若不成功誓不還。
埋骨何須桑梓地，人間處處有青山。

一三、無視濁穢莊嚴佛土的——康法朗

康法朗，是中山（在今河南省內）人氏。從小出家學道，持戒非常精嚴。每於讀經看到佛說法的鹿野苑，及佛入滅的娑羅雙樹。就不勝感慨的歎息道：「我們現在既已遇不到聖人，怎可不發心西去瞻仰聖蹟呢？」於是發願前往印度，去瞻禮遺跡。就邀集同學四人，從甘肅的張掖出發，向西經過流沙，行走了三日，一路上沒有一點人跡。大家正想找個落脚處，忽見路旁有一座古老佛寺，寺中雜草叢生。在一片荒涼的瓦礫中，只有破屋兩間，儼然似有人跡；走近一看，每間各住一僧，一僧正在誦讀佛經，另一僧却染患痢疾，抱病在牀。兩人的房間雖然毗鄰，但彼此各行其事，不相照料。患痢的僧人，屎尿縱橫，狼藉滿地，整個房間都顯得臭穢不堪。

康法朗看到這種情形，就對他的同伴說：「出家同道，應該惟法是親；不見則已，豈可見而捨棄，視如無睹呢？」其他四人也都認爲法朗之言甚爲有理，就決定暫停數日。爲此患痢僧人洗滌穢物，並照拂起居，呵護備至，這位患痢僧人，經過這樣無微不至的照拂，原本沈重的病，便日漸恢復，到了第七天，就完全康復了。他們待諸事完畢，正擬整裝待發時，突見房中在一霎時間，變成香花嚴飾的華屋。原來臭穢不堪的房子，早已煥然一新。法朗等人至此始恍然大悟，原來這病僧竟是神人的化身。此時病僧現出原貌，只見其容顏粲然，並正色相告道：「實不相瞞，隔壁的那位誦經僧人是我的和尚（意卽親敎師，本指師父），你們切莫小覷他。吾師已經證得了阿羅漢①，你們可以向彼問訊（佛家禮，用合掌或敬揖表示之，是訊問安否的禮節）。」法朗等立卽轉往隔壁作禮問訊。那位誦經的僧人就對他們說：「你們心懷至誠，是入道的法器（卽是具有悟道修法的根器），眞正具有此心的人，不須遠遊諸國，所謂道在邇，而求諸遠。若眞能明瞭這個道理，就應當努力自修，以免虛擲光陰，果能依敎奉行，將來必有悟道之日。你們其中的康法朗將會遊歷諸國，並再重返中國，作大法師。」從此四人就打消西行之想，安心留此，一心辦道。以後果如所言，只有法朗於西去遊歷諸國，研尋諸經論後，又回到中山開座傳法，闡揚法相宗，門徒有數百人，最後，便不知所終了。康法朗與法顯二大師，均立志西行。二人遭際雖不同，一人得遂所願，一人未遂所願，但二人卻同有所成。乃知求道本重心迹而不必拘於形迹了。

附註

① 阿羅漢是聲聞乘四果中最高的果位名，含有三義：一、殺賊，殺盡煩惱之賊，二、無生，解脫生死不受後有，三、應供，應受天上人間的供養。

一四、屢現神通度化凶殘的——佛圖澄

一、奇異之事，不一而足

竺佛圖澄，是西域來華的一位高僧。他一生示現神通的事跡特多，尤其是度化石勒、石虎權巧方便，用心艮苦。澄師本姓帛氏，從小出家，清約貞摯而好學，能夠背誦經書數百萬言，並且善解文義。雖未嘗讀中國儒書史籍，但與諸學士論辯疑滯，都有如合符契，終無人能使之屈服。因澄師曾受名師教誨，西域的人都稱他早已得道。澄師在晉懷帝永嘉四年，來到洛陽，他夙有志弘揚大法，尤善誦念神呪，能驅神役鬼。並能以麻油混合燕脂塗在掌中，則千里以外的事，都很清楚的現于掌上。又善聽鈴音以推測吉凶之事，無不靈驗。澄師到中國時，自言已有百餘歲，平日服氣自養，並能多日不食不飲。左乳旁下有一小孔，方四五寸，平常用棉花塞住，夜晚讀書則拔去棉花，就有光射出，徧徹室中。又嘗臨溪水旁，從那孔中取出腸胃洗濯，又納回腹中。凡是種種奇異之事，不一而足。

二、咒出青蓮，石勒信受

澄師本想在洛陽建立一個佛寺，不巧正遇到匈奴族的劉曜（前趙）擾亂京師，因此他立寺之志，一直未能實現。於是潛身草野之中，以觀察世變。當時羯族石勒（後趙）屯兵葛阪，勒爲人殘虐。專以殺戮爲務，沙門遇害的很多。澄師目睹這種情形，心生惻隱，想要以佛法化度石勒，於是杖策來到營門。他事先得知石勒手下大將郭黑略素來信奉佛法，澄師就先投止略處。略就從澄師受五戒（不殺生、不偸盜、不邪淫、不妄語、不飲酒），執弟子禮甚恭。自從澄師來到略處後，略從石勒征伐，每次都能預知勝負之數。石勒感到很奇怪，就問他說：「孤不覺得卿有超人的智謀，何以近來每次都能預知行軍的吉凶呢？」略說：「因我處有一個沙門，智術非常高。他說將軍不久當統治北方，他本人也將被奉爲國師。臣前此所知道的一切，都是他告訴我的。」石勒一聽就很高興的說：「這眞是天賜我的機緣呀！」立刻召見澄師，問道：「佛道有何靈驗？」澄師知道石勒不解深妙的佛理，只可以用神奇的道術來感化他。於是盛滿一鉢，並燒香念呪，須臾就從鉢中生出一朶微妙香潔的青蓮，光色奪目。石勒由是不得不信服了。澄師見他既已信服，就乘機進諫道：「王者的德化，普及一國之中，則麟鳳龜龍四靈就會出現，以顯祥瑞之徵；如果政治多弊，道德消損，則彗星（掃帚星）就會出現於天上，顯出不祥之徵。天象的吉凶，總是隨著執政者德行的消長而顯現，這種事自古常有，天人也常明白的勸誡。」石勒聽後，非常歡喜。卽將獄中凡無辜入罪的卽時釋放，重罪者輕判，輕罪者無罪。因此而得共霑其益的十有八九。從此中州一帶不論胡人漢人大部份都信奉佛法。

三、未卜先知，石勒畏服

當時凡有人生了不能治的痼疾，澄師都義務爲他們醫療，無不應時見效，這種「陰施默益」衆生的事不知有凡幾。石勒從葛陂囘河北，經過枋頭時，枋頭的人準備乘夜劫營。澄師預知此事，乃警告石勒預爲防備，後來果如所言，因事先有備，遂免於難。某次，石勒心血來潮，又想試一試澄師，就在某夜冠冑衣甲，全副武裝，持刀而坐。一切備妥，就遣人請澄師前來。使者剛到師處，未及發言。澄師就先說話了：「平居無寇，夜間無故何以冠冑衣甲嚴陣以待，所爲何來？」石勒從此對澄師更加禮敬了。

又有一次，石勒不知何故發怒，就想謀害所有修道之士，並遷怒澄師。澄師預知其事，就先避到黑略將軍家，告訴他弟子說：「假如石將軍派人問我所在，就推說不知。」不久，果然石勒派人來尋澄師，遍覓不得，祇得回去稟報石勒。石勒十分驚惶的說：「糟了！我略動惡念向聖人，聖人無不預知。想聖人恐將捨我而去了！」於是整夜不能安枕，澄師此時知道石勒已有悔意，就在翌晨親自登門見石勒。石勒一見，驚喜萬分，忙不迭問道：「大師昨夜何往？」澄師說道：「昨夜因你怒心正熾，失去理性，所以暫避一下風頭。現在你旣有悔意，所以敢再來相見。」勒在慚感之餘，不禁對師愈益敬畏了。

四、咒願求水，神龍隨出

襄國城塹（音ㄑㄧㄢ，護城河）的水源，在城西北五里的團丸祠下，其水忽然枯竭。石勒問計澄師，當如何致水，澄師答道：「今當召龍來。」勒字世龍，只謂澄師嘲謔他。就說道：「正因龍不能致水，所以才相請教。」澄師說：「吾言乃是實話，絕非戲言。凡水泉的源頭所在，必定有神龍居之，若能召致，水必可得。」乃與弟子法首等數人，來到泉水源處，只見水源久已乾涸，地裂如車轍，從者見狀異常疑惑，恐水泉終不可得。惟見澄師信心十足，端坐繩床上，點燃安息香，發願念咒數百言，如是三日，竟然看到泉水汩ㄍㄨ汩流出，突有一小龍長約五六寸許，隨水而出，衆人爭先恐後要走近仔細瞧瞧。澄師警告大家說，此龍有毒不可靠近，不久泉水如江河般湧出，四方百姓於是賴此得以甦息。

五、咒楊枝水，起死回生

某次鮮卑族段波攻打石勒，其兵聲勢浩大，石勒無以對抗，心中恐懼得很，就請教澄師，澄師說道：「昨天曾有寺鈴鳴聲相示，明晨早餐時，必會擒住段波的。」石勒登城一望，只見段波軍威正盛，浩浩蕩蕩漫無邊際，就大驚失色的說：「波軍聲勢如此，段波何能被我所擒呢？澄公不過是好言安慰我罷了。」心中還是忐忑不安，又遣人去問澄師，澄師說道：「不必懷疑呀！現已捕獲段波了！」是時在城北的伏兵四出，果然把段波捉住了。澄師勸勒釋放段波，遣還本國；石勒聽從，後來也頗得其用。

當時劉載已死，載之從弟曜簒位，稱元光初。在光初十一年，曜自率兵攻洛陽，石勒想親自率兵抵抗，而他的部下都極力加以勸阻。石勒就問吉凶于澄師，澄師說：「軍出必可捉住曜。」石勒才放心親率步騎出戰，果然生擒劉曜而還。於是石勒就僭稱趙大王，行皇帝事，改年號爲建平。

石勒登位以後，師事澄師更加禮敬。凡事必先諮問而後施行，封號大和尙。石虎有子名斌，後過繼石勒，石勒非常鍾愛他。可是某天忽然暴病而死。死了兩天，石勒悲傷的說：「朕聽說以前虢國太子死了，扁鵲能使之復生；現在大和尙是國中神人，必定能化解此厄。」於是就禮請澄師解厄，師乃取出楊枝水，用密語咒之。說也奇怪，已死了兩天的石斌，就卽時能起坐，不久竟完全平復了。由是石勒命諸幼子，多在佛寺中養育。每年佛誕日——四月八日，石勒親自到寺中爲諸兒發願。

六、塔鈴獨鳴，國有大喪

建平四年四月，在一個天靜無風的日子，懸於佛塔上的鈴無故鳴聲大作。澄師就告訴大衆說：「塔鈴無風而獨鳴，表示國有大喪，日期將不出今年了。」果然，在這一年的七月，石勒就死了。由勒子石弘襲位，不久石虎又發動政變，廢石弘而自立，並遷都于鄴，改年號爲建武。石虎傾心師事澄師，更重於勒。乃下詔書說：「和尚是國之大寶，封以榮爵，賜以高祿，皆不受。榮與祿兩者均不受，將何以褒師德呢？從此已往，當以上等綾錦給他穿，以雕飾華麗的車讓他乘。每日上朝，和尚升殿時，凡在常侍以下的官，都要爲他舉車輿；太子諸公都得ㄉㄟ扶他上殿。主朝者唱大和尚到，凡在坐諸人，不論王公巨卿，一律起立示敬，藉以彰顯大師的尊貴與德行。」又敕令司空李農日夕親自至府問安。而太子諸公五日一朝見，以表其禮敬。從是種種都可看出石虎對澄師的尊寵與禮遇，可說無以復加了。

七、莫起惡心，和尚知汝

澄師當時住在鄴城（河南省臨障縣）內中寺。一日，派遣弟子法常前往襄國（今河北邢臺縣），另一弟子叫法佐的，剛從襄國回來，兩人相遇在梁基城下共宿一處。晚間二人對車說話，言談中涉及和尚之事。翌晨，各人分道上路。法佐回到鄴城，進謁澄師，澄師笑著對他說：「昨夜你是否跟法常交車共談你師父的事呢？古人說得好：『不要因爲人所不見之處，而生不敬之心；不要以爲單獨無人之處，就有懈怠之心。』幽居與獨處是敬愼的根本，豈不聞君子愼獨，你難道忘記了嗎？」法佐聽後，不禁愕然，大感慚愧，立時對澄師表示懺悔。於是國人每共相告語，咸起警覺心說：「不要起惡念，否則和尚沒有不知道的啊！」甚至于澄師所在的方向，都無人敢涕唾便利的。

世人喜爭長議短，尤喜在人後評是論非。被批評的，雖無澄師的天耳通，但俗語說：「隔牆有耳！」傳到對方耳中，豈不大傷感情。卽使沒有傳到對方耳中，也非君子所宜爲。澄師卽時點醒他的弟子，正是一種機會教育。我們看了這一件事，亦當知所惕勵才對。

澄師料事如神，凡出言無不應驗。當時太子石邃有二個兒子在襄國。澄師告訴石邃說：「你的小兒子就要得病，可往探望他。」石邃就派人去探望，果然如其所言。國中名醫及外國有道士都自言能治好。澄師跟弟子法牙說：「他的病，卽使聖人復出，也不能治好，何況其他的人呢？」過了三日，果然就一命嗚呼了。太子石邃荒于酒色，並將圖造反。他生平最忌憚澄師，因師素有神通，凡事都瞞不過他，於是決心除去這個眼中釘。澄師每月十五都入覲石虎，按例返程必會經過石邃住所，而邃每次都邀澄師飲宴奉養。澄師於是日入覲石虎後，於回程中，道經邃處。此次無論石邃怎麼相留，師就是不肯留下，而逕返寺中，因此邃的刺殺陰謀不能得逞。澄師早知太子邃將行作亂，但欲言難言，欲忍難忍。於是某次借機向石虎暗示，但石虎終不會意，不久謀逆事發，虎才悟知師言。

八、澄師咒願，黑略脫圍

某次郭黑略將軍將兵出征長安北山羌，不愼墮入羌人埋伏中，當時澄師正端坐堂上，弟子法常隨侍在側。澄師忽慘然改容道：「郭公現在正有大難！」就叫衆僧咒願，他自己也咒願祝禱，須臾又說：「若從東南出則活，其他方向則否。」接着又再咒願，一會兒又說：「現在終於逃脫出來了！」果然，後來過了一個多月，郭黑略將軍自前方返歸，自述月前曾墮入羌兵包圍中，後向東南方突圍，正走得人困馬乏之際，突見帳下有人推馬給他，他換鞍上馬始得衝出重圍，而倖免於難。推算時日，正是澄師咒願的當日。

九、述過去身，石虎謝罪

後來晉軍攻到淮、泗、隴、比、諸城皆被侵逼，於是東、南、西三方告急，人心惶惶。石虎大發瞋怒說：「我一向奉佛供僧唯謹，而今反招致外寇，佛實不靈呀！」澄師知道後，在第二天清晨就去見石虎，特進言道：「王在過去世，曾經爲大商主，至罽賓寺嘗行供僧大會，當時會中有六十羅漢，我也參預斯會。時有道人對我說：『這主人在命終之後，當受鷄身，以後當在晉地稱王。』現在王正在晉地爲王，豈不就是前世培下的那一點福嗎？所以應當多加珍惜才是，倘現世不加珍惜,來生還將墮落。況且疆場勝敗,乃國之常事,何可怨謗三寶,夜興毒念呢?」石虎聽了澄師一番話後,瞭解自己過去身之因緣果報,乃大感悟,益加信受,於是跪謝以示懺悔。

一〇、慈悲殺生,情有可原

石虎又曾經問澄師道:「佛法不作興殺生,朕爲天下之主,非刑殺則無以肅清海內。旣違戒殺生,雖然奉事佛法,又豈能獲福呢?」澄師就開示說:「帝王奉事佛法,當在體恭心順,顯揚三寶,不作暴虐,不殘害無辜。至於那些兇愚無賴,冥頑不靈,非敎化所能改變的,有罪自不能不繩之於法,有惡亦不能不加刑罰。但有一原則,就是當殺不得不殺的人,當刑不得不刑的人,是謂『哀矜而勿喜』。假如借此以大開殺戒,任意暴虐,殺害無辜,則雖傾其資財以奉事佛法,也不免於殃禍的。願陛下寡其情欲,與大慈悲,普及一切,則不但佛敎永遠隆盛,陛下的福祚也自會緜遠不絕的。」石虎聽了以後雖好殺成性,難以頓改,但也收斂許多,亦使衆庶沾益不少。

一一、事佛在心，不在建塔

石虎的屬下尚書張良、張離等，因家富有而廣興供養，常常興建佛塔，自以爲已行大布施，造作大功德，而平日所行所爲却依然故我。澄師就對他們說：「事奉佛法，最重要乃在清靜以養其性，無慾以養其情，平日總當以慈悲矜憫爲心。若施主雖表面上奉持大法，而貪吝之心却絲毫未改，且遊獵殺生無有節制。現世便已造不少罪業，來生還有什麽福報可言呢？」張離等人不能聽從信受，後來果然不久，就因恣意放蕩，觸犯國法，都先後被屠戮了。足證現世果報之速驗，何須等到來世呢！

起塔本屬善事，非無福德。但佛法本意在：「勤習戒定慧，息滅貪瞋痴。」此乃去垢明心之道。佛學又叫「內學」，也就是當從內心下工夫，始爲務本之道，根本旣立道始乃生。非此之先務，而後彼之可求。是故必先泯其惡念而後修橋舖路，造塔建廟之事，始有福德可言。否則，不務其本，祇徒知粉飾其外，本末倒置，豈不失却佛法的眞諦了。

一二、不言而化，遙救弟子

當時又值久旱，從正月到六月一直沒有下雨，石虎派遣太子到漳西、釜口祈雨，但是總不見有雨。石虎乃請澄師祈雨，不久即有白龍兩頭降於祠堂，當日在數千里平方內大雨如注，那年竟告豐收。因此西方戎貊蠻夷之族，原先不信佛法的，聞悉澄師的神驗事跡，也都遙向禮拜，不言而化了。

澄師曾有一次，派遣他的弟子到西域市上買香，其弟子領命而去。某日澄師宣告大眾說：「我在掌中看見買香弟子，在某處遇賊，恐有性命之憂。」因此燒香呪願，遙相救護。後來買香弟子回來後就說：「某月某日在某處，我被盜賊刧持，正要被殺的當兒，忽然聞到一陣香氣，自遠飄來，盜賊突感驚懼乃大喊道：『糟了！救兵來了。』就連忙棄他逃逸，因此遂得生還。」

一三、佛益教化，何拘外神

澄師的教化既已流行，民間多奉佛法，到處營造寺廟，競相出家，以致眞僞混淆，僧倫良莠不齊，行爲亦有不檢束的。石虎特下詔書說：「佛陀名號叫做世尊，應爲世所尊奉。凡在僧門品德自應高潔端正，精進修行，然後才能稱爲沙門。現在僧眾漸多，或不免有姦匪盜賊之徒，混雜其中，以巧避徭役爲事。今爲維持僧倫的清白，絕不容許僧門中有魚目混珠的情形。」中書著作郎王度竟借端生事，即上奏道：「佛本出於西域，乃外國之神，實非天子所應祀奉的。自漢明帝感夢以來，初傳其道，只聽西域人得以立寺奉神，而漢人概不准許出家。今魏可因循漢時舊例。現在大趙承天受命，亦理當如此。」石虎下詔書道：「朕生自邊壤，君臨諸夏，至於配饗祭祀，應當依從朕本國之俗。何況佛門三寶，有益教化，正應供奉。凡是好的制度規範，應由在上者鼓勵提倡，永世垂爲法則。如果眞屬良法美意，有益世道人心，又何必拘執于前代的舊例呢？舊例如果不善，豈不永世受其弊了嗎？」石虎詔書所示，可說是一針見血之論。

一四、奇丐麻襦，裝瘋賣傻

當時魏縣有一個流浪漢，無人知道他的姓氏。平常總是穿著麻布襦裳，在魏縣乞食，時人都稱他是「痲𦃓」（𦃓，音ㄖㄨˇ，短襖也）。形貌像瘋子，但言語卓越，無人能聽懂。他乞得的米穀也不食，就把他散置在通衢大路上，自稱是要飼天馬。趙興太守將他緝捕送給石虎處置。澄師早先曾告訴石虎說：「在國境東方二百里。某月某日，當會送來一個非常的人，絕不可殺他！」如期果然。石虎跟他講話，覺得他毫無異於人處，祇說一句語：「陛下當終於一柱殿下」。石虎不解其語，就把他送到澄師處。澄師却與痲𦃓一見如故，二人談論終日，其內容都是些旁人所聽不懂的話。

石虎後來特派驛馬送痲𦃓還本縣，車馬一出城外，他就堅辭坐騎，徒步而行，並囑使者到合口橋見面，使者乘馬至橋，而痲𦃓已先在合口橋等待多時，足見其步行如飛，馬足都比不上。眞是奇人奇事。

一五、尊奉堯舜，勿效太公

澄師有一弟子名叫道進，學問廣博通達，爲石虎所尊重，有一次言談涉及隱逸之士。虎說：「有一個名叫楊軻的，朕徵召他十多次，他堅持不肯出來。朕親自前往禮請，他却傲然而臥。朕雖不德，亦君臨萬邦；雖不能令木石屈膝，何以區區一匹夫竟敢傲慢如此。以前姜太公到齊，就先誅殺不聽徵召的華士。賢哲如太公，尚且如此做。難道我豈不可如此做嗎？」石虎有意制裁楊軻，心有未安，故作此問。道進對曰：「以前舜特別禮遇蒲衣，大禹造訪賢人伯成之宅，魏修飾段干木的宮室，漢末管寧不應曹氏之徵，皇甫不屈事晉室，這二聖三君，都是要激勵貪競，以揚清風。願陛下尊崇堯舜之德，勿效太公之用刑。」石虎悅其言，即時遣還楊軻歸隱其山，並派十家供奉他。進回去後，把一切事情的經過詳細稟告澄師，澄師笑著說：「就你所言誠然不錯，但楊的命恐怕終不能倖免于難。」後來秦州兵亂，軻弟子用牛載軻西奔，爲亂軍追擒，竟爲所害。

一六、火起四門，灑酒降雨

石虎某次於晝寢時，夢見羣羊負魚從東北而來，醒來不得其解，就走問澄師。澄師說道：「此爲不祥之兆，鮮卑族恐將入據中原了！」後來不久，鮮卑族果然佔有中原。

澄師一日與石虎共登中臺，澄師忽大驚說道：「災變！災變！」幽州當有火災，乃急取酒來灑。過了一會方始笑道：「幸好已經撲滅了。」石虎即時派人前去幽州，察看當時情況。據報：「當日幽州果然有火從四門冒出，正在緊急的關頭，突然見西南方有一片黑雲飄來，及時降下一陣驟雨，便將大火撲滅。奇怪的是這一陣雨，竟然含有濃烈的酒氣。」石虎聽了以後，驚訝不已！

一七、塔鈴又鳴，澄師示警

建武十五年七月，石虎的兒子石宣、石韜二人失和，彼此將圖相殺。某次石宣與澄師同坐，浮圖（佛塔）上有一鈴獨鳴。澄師問石宣說：「你能解此鈴的意思嗎？」石宣變色，不知有何不祥之兆。澄師就暗示宣應多加收斂，以免蹈於大禍。宣不能聽。某日又碰到石韜，澄師向他熟視良久，韜心中直感不安，就問澄師何處不對？澄師就說：「怪就怪在你身上充滿血腥臭味，所以久視如此。」韜仍執迷不悟。

等到八月，澄師令弟子十人另闢別室齋戒，爲國祈福消災，師暫還入東閣，石虎與后杜氏到東閣來問訊。澄師就說：「脅下有賊，大約不出十日了！自佛寺以西，此殿以東，當有流血事件發生，愼勿東行呀！」杜后不信的說道：「和尙你大概是老了啦？何處有賊呢？」澄師恐妄生事端，就立刻改變了口氣說道：「六情所受，都是賊啊！上了年紀的人免不了要昏耄了！但只要年少者不悟就很好了！」遂不再多言了。過了二天，石宣果然遣人加害石韜於佛寺中，並擬借其父王石虎臨喪時乘機謀弑。石虎因澄師告誡於先，故爾未去，乃得獲免。等到石宣謀逆事發，被拘捕在案。澄師就向石虎進諫道：「宣雖不孝不友，仍陛下之子，今已喪一子，若更喪一子，豈不愈加重這個悲劇，陛下假如於含怒之餘加些慈悲，則還有六十餘年的國祚。如果一定要大行誅戮的話，則戾氣所聚，石宣將爲掃帚星，下掃鄴城之宮寢，將來禍患就無窮了。」石虎此時忿心正熾，已聽不進任何忠告。乃以鐵鎖穿石宣的頭，牽置薪積上，用火活活燒死，這還不算，並收其官屬三百餘人，都用車裂支解，投入漳河中，眞是慘不忍睹。澄師知禍事將至，無可挽回，乃命弟子離開齋堂。不過一個月，突然見到有一匹妖馬頸上鬣ㄌㄧㄝ毛與尾上長毛，都有被燒過的痕跡。妖馬先在東陽門出現，又從顯陽門跑出，後來又奔向東北，再以後就不見了。澄師聽了這事以後，歎息道：「災難至矣！」

一八、禍亂將萌，澄師示寂

建武十四年十一月，石虎大宴羣臣於太武前殿。澄師高聲吟道：「宮殿啊！宮殿啊！棘子（多刺灌木）今已成茂林，終將毀壞他人衣」。石虎令人發掘殿下石察視，果然有棘子生出。澄師私下對其弟子法祚說：「歲在戊申禍亂漸萌，已酉歲石氏當會滅亡。我要當其禍亂未發之前，先行入滅」。於是派人向石虎告辭道：「萬物無不遷化，此乃物理之常。人命亦然，誰都不能長保。貧僧幻質之軀，化期已到，前此既蒙眷寵殊榮，故此先行稟報。」石虎聽後，悽愴無比的說：「不曾聽說和尚有疾，怎麼現在竟忽爾告終呢？」澄師對石虎說：「出生入死，本是常道。壽命的長短，也是命中註定的，絲毫不能勉強。凡道重在操行完美，德則貴在始終無怠。如果事業操行無有虧損，則身雖亡而德長存。否則，即使獲得長壽，也非所願。現在所憾的是，雖然國家有心護持佛法，供養一切也毫無吝惜；與寺建廟，備極崇偉壯麗，以此功德來衡量，似乎應該多享福祉了。但因施政猛烈，刑法濫用而殘酷，顯然違背了佛道慈悲的精神。如此而不自引爲戒，痛加刷新，終必喪失所培的福德。若果眞能洗心革慮，嘉惠百姓，國祚自必延長，道俗咸將相慶仰賴。就是身畢命終，也將沒有遺恨了。」

石虎聆言，終因宿業太深無法悔悟，惟悲慟嗚咽而已。虎知師必逝，即時為之鑿壙營墳。到十二月八日，果然澄師在鄴宮寺無疾而終，享年一百一十七歲。這年是晉穆帝永和四年。全國上下百官士庶都悲慟哀號，傾國奔喪。乃下窆(音ㄅㄧㄢˇ，將棺木埋於土中)於臨漳西紫陌，即石虎事先為師建好的塚(音ㄓㄨㄥˇ，高大的墳墓)。澄師寂後不久，梁犢作亂，翌年石虎就死了。冉閔篡位，殺戮石種(石姓家族)殆盡。閔小字「棘奴」澄師先前所謂「棘子成林」，就此應驗了。

石虎以前世供僧之故，致享今生君臨天下之大福報。惜以無慧享大福，故不得善終，是福大禍亦大。故佛法修行，以福慧雙修為訓。而佛陀教法首重開慧，始得轉禍為福。故佛學乃智慧之學，吾人於此，又不可不知。

一九、教澤永存，開棺得缽

澄師身長八尺，風姿閑雅，妙解經義，並能旁通世間知識學問。講經說法，惟揭發宗旨，而全經始末，無不昭然可見。加以慈悲度化眾生，隨時隨處拯危救厄，時當二石(石勒、石虎)虐害百姓，及施行種種不軌正道之事，若非澄師潛移默運，暗中多方維持，那後果就不堪設想了。只不過百姓雖蒙其大益，但覺日常受用而不知罷了。澄師宏法利生，敎化所及，無遠弗屆，當時佛調、需菩提等數十名僧，均來自天竺、康居，都不辭數萬里路之遙，足涉流沙，歷經艱險，前來澄師處，冀得親承敎誨。樊沔釋道安，中山竺法雅並跨關山越河川，恭聽澄師說法，都能妙悟其中深旨，徹達幽微。澄師平日過午不食，持戒精嚴，爲人無欲無求。由於他德澤廣被，常追隨他左右的卽有數百人之多。前後之門徒，亦有上萬人之衆。其遊化各州郡縣，所至之處，興寺建塔，有八百九十三所，弘法之盛況，無與倫比。

原先，石虎收殮澄師時，以其生時錫杖及鐵鉢放置棺中。後來冉閔篡位，再開棺探視，竟然不見有屍身在內，唯遺杖與鉢而已。有人說在澄師入滅不久，曾見他足涉流沙。石虎當時也懷疑師未曾死，開棺驗試，果不見有澄師的遺體了，寧不怪哉！

後來前燕慕容儁建都於鄴，住在石虎宮中，每晚都夢見石虎來咬其手臂，意謂必是石虎陰魂作祟。於是就掘出石虎的屍體，其屍僵硬尚未毀壞。就用脚又踢又踩著說道：「死胡虜，居然嚇唬生天子！」說完痛加鞭撻毀辱，投之漳河，但說也奇怪，其屍身倚著橋柱不能稍移。後來前秦大將王猛始將他屍體收葬。這正應驗了麻襦所謂「一柱殿下」的籤語。

一五、開創正統中國佛教的天台宗祖師——慧思、智者兩位大師

一、領導羣倫，法化一方

衡嶽慧思禪師，俗姓李氏，武津人。師頭頂上生有一肉髻ㄐㄧˋ，行步姿態穩重而有威儀，本傳中以「牛行象視」形容之。自幼就以富有慈恕之心，爲鄉里所稱道。某次曾夢見梵僧勸他出離塵俗，即了知自己宿世的因緣。於是毅然決然辭別雙親，出家修道。出家後，生活謹嚴。平時常習靜坐，每日祇食一餐。某日，師誦唸法華經已滿千遍，又閱覽妙勝定經後，深深感歎禪那功德之不可思議，只憾不得其門而入。於是發心尋訪善友，當時聽說慧文禪師智慧多聞，有徒衆數百，多有成

就；就決心前往參訪。慧文嘗讀大智度論至「三智⑤在一心中得」之句，及中論「因緣所生法」（見一心三諦）之偈，遂悟入卽空卽假卽中之妙理，因立「一心三觀」之法門。師在經承慧文禪師指授後，大發勇猛之心。開始學習晝夜攝心之道。其時正值坐夏安居（僧徒于夏日炎天，安居三月，禁止外出，而致力于坐禪修學。本爲印度佛制，中土沿用之）期間，在經過三七日（廿一天），就獲得宿命通（知宿世己身及六道衆生各各宿命）。於是更加勇猛精進，不久却因勇猛過度而引發宿世的業障，只覺四肢疲軟不堪行步。這時師暗自思忖：「病乃是因業障而生的，業障又由心而生的。心若不生，外境更何從而有呢？是故病業與身，都如雲影一般，全屬虛幻。」如是常常觀照此心，於是顚倒妄想，從此漸漸減少，但內心的輕安境界，却一直保持原樣，未見進步。直到安居時日圓滿，仍然如此。心中深生慚愧，然而就在他鬆弛心情，放緩身子正待倚向牆壁的一刹那間，竟豁然開悟了。是時，法華三昧（三昧，譯爲正定。法華三昧，直破無明，圓證俗諦、眞諦、第一義諦之圓融妙理）最上乘門，在這一念頃，全部明達融通。從此更加精勤不懈，觀行日益增勝。同時，他的名聲也漸漸遠播，學侶徒衆也就日多一日。凡來從學的，大師無不激勵敎誨，絲毫不感厭倦。師隨機化導，可謂感應無邊，並因大小根器，悲智定慧等法而接引誘掖衆生，眞可說是領導羣倫，法化一方。師曾開示僧衆曰：

道源不遠，性海非遙；但向己求，莫從他覓；覓卽不得，得亦不真。

又有一偈曰：

頓悟心源開寶藏，隱顯靈通現真相；獨行獨坐常巍巍，百億化身無數量；縱令逼塞滿虛空，看時不見微塵相；可笑物兮無比況，口吐明珠光晃晃，尋常見說不思議，一語標名言下當。

另有一偈曰：

天不能蓋地不載，無去無來無障碍；無長無短無青黃，不在中間及內外；超羣出衆太虛玄，指物傳心人不會。

其後慧思禪師化道於衡陽，法緣更盛。不久，師知世緣已盡，屏絕徒衆，寂然而逝。逝時異香滿室，頭頂有暖氣，身體柔輭如生，顏色亦如常。時當南北朝陳宣帝太建九年六月二十二日，世壽六十有四。

承傳慧思衣缽的，就是那開創正統中國佛教的——天台智者大師。

二、靈山一會,傳祖心燈

智者大師,荊州華容人(今湖北監利縣西北)。俗姓陳,母徐氏。當徐氏懷孕的當日夜裏,夢見五色奇異香煙縈繞,鬱結於懷久久不散。師於入胎之初,即有此異徵。誕生的那日,只見一片祥光燭照,鄰里驚異,以爲瑞兆。師幼時,即有奇相。平居臥便合掌,坐必面西;見佛像則拜,逢僧人必敬。師資貌俊朗通悟,儀止溫恭。七歲就喜往佛寺,有僧人口授普門品,師一遍即可成誦,並能通其文句。若非宿根深植,怎能如此呢?到十五歲的那年,師於瞻禮佛像時,突有感悟,當下即誓志出家。遂於是夜,夢見一座大山,高聳千仞,下臨深海,峯頂有一僧人舉手相招,並將他引進一座佛寺內,說道:「你將會棲止,並終于此。」其父母就在他十八歲的那年先後去世。師於深感人生無常之餘,更加堅定其出家的意願。不久,遂於果願寺依法緒師出家。二十歲時,受了比丘戒。在陳乾元元年,智者大師到光州大蘇山(今河南省境內),進謁慧思禪師。慧思一見智者,立刻了悟他們二人前生之宿緣。就說道:「從前我們一同在靈鷲山(山在中印度摩揭陀國,因山形似鷲故名。

佛陀曾在此講法華等經），世尊（佛陀名號之一，因佛爲世人所共尊，故名）座下聽講法華經，因宿緣所追，現在又復來此會面了。」乃即時示現普賢菩薩的道場，並指授修行要旨。智師依法入觀，經三七日，身心遂豁然大悟，定、慧二法即圓融貫通，而性中本具的六種神通遂一一證悟。這種種境界，非自證者不能明瞭，所謂「不足爲外人道」者是也。於是將其所悟證之境界，稟告慧思大師，藉得所印證。大師就說：「這種境界，非你莫能證得，非我亦不能識得。這是將證法華三昧的預兆。能證此境界，就是千萬個依文解義之師，也不能測度此所證境界的萬分之一。如今你已證辯才無礙的境界，無人能及。具此證悟所得，始可承傳祖師的心燈，切記！續佛慧命，非你莫屬，勿作斷佛種之人。」智者既承慧思大師之印可，心中不覺聳然自惕，毅然立誓荷擔起如來家業之重任。

三、名動朝野，暫隱天臺

陳宣帝太建元年，師拜別了慧思禪師，前往金陵去闡揚佛法。他因辯才縱橫無礙，說法不立文字。能深入經中之奧旨，往往徹夜達旦不知厭倦，而當時名師如大忍、法濟、慧辯，都執弟子禮於其門。師住錫金陵八年，化度無數，舉朝上下，一致歸依。上自皇親國戚、達官顯貴以及朝野名士，下至百姓兆民，無不奉如神明師保。其後，師以聽法信受者雖眾，而領悟者實少，並爲免於名聞利養之束縛，乃決計隱居天臺山更自加工用行，以求更上一層之證悟，於是開始其十年的頭陀行（苦修）。

四、坐鎮天臺，親證法華

太建七年，師隱居到天台山佛隴峯。有一位定光禪師早先隱居在此山中。某日，他對弟子說：「不久，將會有一位善知識，率領徒眾來到此地。」未久，智者大師果來山中。定光禪師一見就說：「你還記得從前舉手相招的事情嗎？」智者恍然記起，昔日瞻禮佛像夜夢一僧人相招的宿因。今日相見，不禁悲喜交集，乃執手共同行至庵所。那天晚上，忽然聽到空中有鐘磬的聲音，在山谷繚繞。智者說：「這是何徵兆呢？」定光禪師說：「這是犍椎（譯爲鐘；磬，佛寺中敲擊之以召集大眾）的聲音，表示將要召集僧眾以慶得賢者住持本山的佳兆。此地乃是金地，已有我坐鎮於此；北峯乃銀地，你可坐鎮於彼處。」其後，師棲止於華頂峰，精勤獨修。某日，師於靜坐時，忽然大風驟至，拔木發屋，雷霆震吼，魅魑成羣，形容百狀，吐火之聲駭人聽聞，同時又有強輭二魔出現，種種佈人之狀，不一而足。師靜坐如故，抑止其心，安然默忍，不動如山。如是移時，一切惡境，霎時如幻而滅，又再平復如常。師此時之境界已由前此大蘇所證之禪定，進趨至法華圓頓一實中道之境地，亦卽由禪定轉入止觀境界，天臺教理，賴此修證境界而奠基焉。

陳至德三年，陳宣帝問道：「現時釋門，誰爲最勝？」大臣陳暄奏道：「前瓦官寺有智顗禪師，道德高超，威儀可風，禪功深湛，從前在京師，卽爲諸方所宗，現隱居於天臺山，願陛下詔之還都。」陳主卽降詔迎請，師辭不就。帝又七降聖旨，師見其誠，乃允其請。師至京師，陳宣王親自恭迎，師至後便在宮中太極殿講大智度論及仁王經，宣王必親至座下聽講，凡諸禮數，悉以國師尊之。其後並爲智師修建禪寺，且以始豐縣的租稅作爲供養之用。

五、一代宗師，天臺智者

至隋文帝時，其次子晋王廣時爲揚州總管，宿欽大師德範，屢次禮請下山，師均不允，晉王以誠心感之，師乃首肯。王首設千僧會，請師授菩薩戒，王頂禮領受後說道：「大師禪慧內融，傳佛法燈，應奉名爲智者。」師名號「智者」之尊稱，實始於此。不久，師欲返廬山東林寺，王留之不得，臨行，王禮拜瞻望，送至目力已極，始銜泣而返。師沿途所經之地，道俗均聞風前來請益。緇素延頸而望，庶民扶老携幼，遮道相迎，師感召力之深，就從此可知了。師後棲止於湖北當陽玉泉山中，建立精舍。其地本荒凉險惡，怪獸蛇狼充斥，師創寺後，大加振刷整頓，從此邪氛一掃而空。後宜陽公王積瞻禮，見師輒戰慄背汗，心遽不安，出山後對人說：「我王積屢經戰陣，臨危更是神勇，從未怖懼有如今日這般。」師之懾服力，往往如此。其後，師卽於此開演天臺敎義，天臺一脈從此傳揚於世。

智者大師常謂法華經爲一乘之妙典①，暫且開示方便之權門(指權敎而言)，直接顯示眞實之妙理。會同衆善之小行，歸趨于廣大之一乘。智者大師根據自已修證的境界，建立體大思精，最富中國特色的天台思想。先開五重玄義(出法華玄義)：

㈠釋名、㈡辯體、㈢明宗、㈣論用、㈤判敎相

㈠釋名者：謂一乘妙法卽衆生本性，雖在無明煩惱之中而不爲其所染。如蓮華

處于污泥之中，而體常淨，故以爲名。此經由開權門（權敎）以顯實門（實敎），進而廢權敎立實敎，再進而會諸權敎逕入於一乘實敎。譬如蓮之有華（花），有含容開（花）落（葉）之義。華（花）有之蓮，有隱現成實（果實）之義。亦可說從根本以顯示外跡；又因外跡以彰明根本。

㈡辯體者：本經以實相爲體。實相者，無相無不相，指萬有本體，諸法眞實之相。又名佛性、法性、眞如、法身、眞諦、本性、如如等異名。

㈢明宗者：一乘因果爲宗，開示悟入佛之知見。

㈣論用者：用者力用，以開權顯實，廢權立實，會權歸實爲用。

㈤判敎相者：如來一代時敎總判爲五時八敎。「五時」（出天臺四敎儀）者，㈠華嚴時，佛初成道，爲上根菩薩說法（華嚴經）。㈡阿含時：爲小乘根機說法（說四阿含經）。㈢方等時：彈呵偏執折伏小敎；贊歎大乘，褒揚圓頓（說維摩楞伽、金光明等經）。㈣般若時：蕩除法相悉遣偏執。（說金剛般若、大品般若等經）。㈤法華涅槃時：會權歸實，授三乘人（小乘、中乘、大乘）及一切衆生悉皆成佛。

「八敎」（出天臺四敎儀）者：「化儀四敎」與「化法四敎」：

「化儀四敎」：

㈠頓教：為頓機頓說別圓之教者，如華嚴時是也。
㈡漸教：為對漸機說法，漸次由小乘進於大乘者，如阿含、方等、般若三時是也。
㈢秘密教：謂對一種之機，以不思議力秘密說法，而聽衆各不相知也。
㈣不定教：謂對會衆同說一法，而聞者各異其解，各得其益也。

「化法四教」：

㈠「藏教」：卽三藏教，正教聲聞（小乘），緣覺（中乘），傍化菩薩（大乘）者。
㈡通教：通三乘（小、中、大）而同學者，但菩薩為正機；二乘為傍機。
㈢別教：別對菩薩說大乘法者，不及中小二乘。
㈣圓教：專對最利根菩薩說事理圓融之中道實相者——此四教法，為化導衆生之法門，故曰「化法四教」。——從上可知佛陀一代時教之權巧與方便矣！

復次，又立一念卽三諦、三觀、三止：

一心三諦	一心三觀	三止（出止觀）
㈠「眞諦」：因緣所生法，我說卽是空。	㈠「空觀」：破見思惑，證一切智，成般若德，	㈠「體眞止」（諸法緣生，當體卽空，以此止妄）

為了因佛性（自覺）。

㈡「俗諦」：亦為是假名。	㈡「假觀」：破塵沙惑，證道種智，成解脫德，為緣因佛性（覺他）。	㈡「方便隨緣止」（知空非空，隨緣化益衆生故云）。
㈢「中諦」：亦是中道義。	㈢中觀：破無明惑，證一切智，成法身德，為正因佛性（覺滿）。	㈢「息二邊分別止」（有無俱遣，不起分別）

復次，三觀圓成，尚憂慮學者只知性德（二德：㈠性德：自性本具之德：㈡修德：用功修來的德。一切衆生本來是佛，屬性德，如在礦之金，若不加修行——所謂「加工用行」，終不能成佛，此屬修德。如金礦不經開採治鍊，永不能成眞金），而忽視了修德，或竟陷於偏執，所以又創「六卽佛」之義，以絕此弊。（「六」：明階層淺深，應自修持，不生上慢，以對治妄自尊大。「卽」：明當體卽是，應自承當，不生退墮，以對治妄自菲薄。）

㈠「理卽佛」：衆生自具佛性，如穢水中藏明珠，雖覆蔽未顯，本性卻絲毫未減。如：心月本明（雖有不知）。

㈡「名字卽佛」：從善知識或經中，初聞三寶名，知佛性義，明瞭自心全體卽是。如：知有明月（知而未見）。

㈢「觀行卽佛」：如夢初醒，知夢本空，謂之始覺。始覺念念觀照本覺，息諸幻妄。如：抬頭覓月（覓而未見）。

㈣「相似卽佛」：觀行功深，步步增勝。如隔雲見月（見未眞切）。

㈤「分證卽佛」：無明分分破，法性分分顯，但無明未全盡，而法身未全顯。如：月現未圓（已見未全）。

㈥「究竟卽佛」：無明已盡，法身全顯，始覺本覺不二，性德修德一如；如夢全醒，如月全現。如：天心月圓(已見全月)——如上六位旣皆是佛，通具有法身、報身、應身，所謂「三身」（出金光明經玄義）者，都隨居「四佛土」（出觀無量壽佛經妙宗鈔）爲所依止。

「三身」者。㈠法身（自性身）：是常住不滅，人人本具各各不無的眞性體。不過衆生迷而不顯，佛乃覺而證得。㈡報身：由佛智慧功德所成的。有「自受用報身」——爲自修功德智慧所證之身；有「他受用報身」——是佛爲十地菩薩說法而變現之身。㈢應身（應化身；變化身）：卽隨衆生之機緣而變現的，用以度化衆生之身（如觀世音菩薩三十二應化身卽是）。

「四佛土」者：㈠凡聖同居土：爲人天凡夫未斷見思惑者所居及已斷見思惑之聲聞緣覺等聖人所同居者，故名。㈡「方便有餘土」：爲二乘人（聲聞、緣覺）及未證法身的菩薩所暫住處，故名「方便」；而以塵沙、無明二惑未破，故名「有餘」。㈢「實報無障礙土」：眞實證得一分中道，破一分無明，獲一分法身，感得勝報，色心無礙，故名；爲地上（初地以上）菩薩所住。㈣「常寂光土」：諸佛清淨法身所住。「常」者，法身常住不滅之體；「寂」者，解脫，一切諸相永寂也；「光」者，般若，照諸相之智慧也。以上「三身」所住「四土」如下表所示：

三身所住四土		
應身		凡聖同居土
報身	他受用身	方便有餘土
	自受用身	實報莊嚴土
法身		常寂光土

實則，不論身或土，本無優劣可分，但爲對機之故，假說身土，而分優劣。智師證得身土互融，權實無得。所以三十餘年晝夜宣揚其法，而生四種利益，具備「四悉檀」：

悉：徧也；檀，翻爲施。悉檀者，徧施也。智師說法徧施有情，隨根得益。

「四悉檀」（出法華文句）者：

㈠「世界悉檀」：說淺近之法，令一切聞者莫不歡喜。

㈡「各各爲人悉檀」：隨各各聽衆之機，說投契之法，令生正信，增長善根。

㈢「對治悉檀」：對症下藥，除衆生種種惡病。如：對多貪欲之衆生，導以不淨觀；對多愚痴之衆生，敎以因緣觀。對多瞋之衆生，敎以慈悲觀等。

㈣「第一義悉檀」：若見機緣成熟，爲說諸法實相，使其直悟佛道。

門人灌頂將大師一生所證悟的思想體系，每日記錄約萬餘言，其後並加以整理，分門別類，纂成法華玄義、法華文句、摩訶止觀（以上稱天臺三大部）。觀音玄義、觀音義疏、金光明玄義、金光明文句、觀經疏（以上稱小五部）。乃建立成博大精深最具中國佛學特色的——天台宗。隋文帝開皇十七年十一月十七日，文帝派遣使者詔師入京。師知世緣已盡，臨行，告門人語：「我此番一去就不再回。」智者大師行至石城寺，卽止于彼，是月二十四日，師對侍者說：「我看見觀世音菩薩來迎，想不久就要走了。」果然，未多久，卽結跏趺坐（盤腿而坐）而逝，世壽六十，僧臘四十。師滅度後又曾七度現身，門人無不俱睹。智師身長七尺，目射異光，終年常披著一件破蔽的衲衣，冬夏都不離身。來往居止天台山前後達二十二年，建造大道場三十六所，度人出家爲僧亦有一萬五千人。

綜之，智者大師乃使佛學中國化之第一人。天臺思想依法華經立宗，並收涅槃經、大品般若經（鳩摩羅什譯）、大智度論（龍樹菩薩造，鳩摩羅什譯）等爲所依經論。又承傳北齊慧文禪師之「一心三觀」，南嶽慧思禪師之法華三昧，至智者行法華三昧二七日，大悟心法，證六根淸淨，直接佛傳，遂創立天臺一宗。開「五時」、「八教」，以判佛陀一代時敎；立「五重玄義」，以判攝經典之內容；分「六卽佛」，所以明修證之漸次；述止觀法門，所以示修行之方便；明「一念三千」，所以顯境界之差別。荆溪尊者止觀義例云：「一家敎門，所用義旨，以法華爲宗骨，以智論（大智度論）爲指南，以大經（涅槃經）爲扶疏，以大品（大品般若經）爲觀法。引諸經以增信，引諸論以助成，觀心爲經，諸法爲緯，織成部帙，不與他同。」由此可知天臺宗是依據諸經論，而又憑藉中國祖師之智慧，加以組織歸納，開演而成最具中國佛學特色之宗派。而智者大師亦爲使佛學中國化之先驅。

天臺宗之傳承：北齊慧文→南嶽慧思→天臺智者→灌頂（章安）→……荆溪湛然（中興天臺之祖，著作頗富，並引進華嚴思想於天臺教義中）

附註

① 佛數共分五乘：㈠人乘、㈡天乘、㈢聲聞乘、㈣緣覺乘、㈤菩薩乘。五乘各度不同根器之有情。其中菩薩乘可分爲㈠權敎、㈡實敎。權敎所講，屬不究竟，不圓滿之理。實敎，講究竟圓滿之理。前者屬漸敎，後者屬圓頓敎。法華屬於實敎，故曰一乘；蓋指究竟圓滿成佛唯一之敎也。㈡乘——爲車乘，以譬佛的敎法，敎法能載人運達涅槃之彼岸，故謂之「乘」。五乘，均度向涅槃之彼岸，但圓滿成就唯此一乘。其實相妙諦，足可蕩滌化城之執敎（化城者，因成佛路遙，故暫止於中途化現之城廓，作爲養息之用，以便將來直趨佛地。此化城，指凡、小、權敎而言。）

② 「三諦」（出法華玄義）：諦者，眞理。三諦者，諸法之三層義諦。1.眞諦（空諦）、2.俗諦（假諦）、3.中諦。1.一切萬法，皆無自性，故謂之「空諦」。此爲諸法眞實之法，故又謂之眞諦。2.一切諸法皆有假相，故謂之「假諦」，此依世俗所執，亦不能捨棄，故又云「俗諦」。3.空、假不二、眞俗圓融，執一則偏，合則雙美，離則兩傷，故謂之「中諦」。

③「三觀」(出金光明經玄義)：對諸法之三種觀察。1「空觀」：觀諸法之空諦也。2.「假觀」：觀諸法之假諦也。3.「中觀」：觀諸法非空非假，亦空亦假，卽合中諦之理。凡就諸法性之理體言，則曰「三諦」；就修觀行之方法言，則曰「三觀」。

④「三惑」(出天臺四敎儀)：天台家統括一切之妄惑，分爲三類：㈠「見思惑」：種種邪見分別道理，凡屬知識見解上之誤謬，稱「見惑」。對於事事物物不明眞理，而起貪、瞋、癡等，凡屬情識上之執著，稱爲「思惑」㈡「塵沙惑」：菩薩度法衆生，須通達世出世間如塵沙無量數之法門，所謂「法門無盡誓願學」是也。若不能通達此無量數法門，則曰「塵沙惑」。㈢「無明惑」：卽根本無明，乃對根本理體及自性之迷惑。

⑤「三智」(出觀音玄義)：1.「一切智」：知一切法之總相——空。爲聲聞、緣覺所證。2.「道種智」：知一切種種差別之道法——假。爲菩薩所證。3.「一切種智」：通達總、別二相空假不二之一切法者，爲佛所獨證。

⑥「三德」(出金光明經玄義)：1.「法身德」：佛常住不滅的法性身無不周徧。2.「般若德」：佛之般若智慧無量無邊。3.「解脫德」：佛所證得之最勝妙法，能夠化度一切衆生而自在無礙。

⑦「三因佛性」(出金光明經玄義)：佛性雖常住不變，然須修證方能顯現，故分三類：1.「了因佛性」：此爲自性住佛性，一切衆生本具的佛性；因爲是自性，所以常住不滅。卽三惡道，亦具此佛性。2.「緣因佛性」：依修行之功，作爲增上緣，漸漸引發出本有之佛性；此三乘人所具有的。3.「正因佛性」：修因滿足，而本有之佛性，了了顯發無餘，這是諸佛之佛性也。

一六、洞門立雪斷臂求法的二祖——慧可大師

一、精勤修持，感神相助

慧可大師，河南人，姓姬。其父名寂，雖有妻室，而久乏子嗣，但他常自思念，我家世代行善，豈會無賢子嗣呢？易經上不是說：「積善之家，必有餘慶」。於是經過不斷的祈禱後，某夜果然感得異光照徹庭室。慧可母親就因而有孕。可師誕生後，就因神光照室之瑞，而取名爲光。光自幼志氣超羣，凡詩書典籍無不涉獵，尤其精通老莊玄理。然而光不喜世俗事業，惟好方外之淸淨高潔。他每誦覽佛書，便超然自得，大有感悟。於是就到洛陽龍門香山，歸依寶靜禪師出家。並在永穆寺受

比丘戒。又遊歷各大名山講堂。聽聞佛法，偏學大小乘義。年三十二時，又返回香山，終日靜坐，精勤修持。如是又經八年，某次靜坐，於寂靜中見一金甲巨神向他說道：「你若欲得證道果，就不能久滯（逗留）于此，若向南行，大道不遠。」光自知有神相助，因改名神光。第二天，突覺頭痛難忍，有如針刺，同時，又聽空中有聲說道：「這是換骨之兆，不是尋常之痛。」神光就把他在靜中所見神異之事稟告其師。寶靜師細視光之圓頂骨相，赫然有若五座秀峯隆起。就說：「這是吉祥之相，你必將有所證悟，神指示你向南而行，想係指點你拜少林寺達摩爲師了。達摩是異國高僧，若向他求法，必可獲悟大道。」神光本即通達老莊玄理，但常歎其說未能盡闡妙理。今雖偏參大小乘教，但仍未契妙理，自忖必因缺乏善知識指點，以致迷悶至今，此刻一聽有達摩大師可資參訪，眞是喜不自勝。

二、洞門立雪，斷臂求法

當時達摩祖師棲止在嵩山（今河南登封縣北）少林寺，終日面壁默坐，以待教化之機緣。滿懷熱望的神光來到少林寺後，不分晝夜的前往參禮承教，希望能獲得指點，但達摩只管面牆端坐，終日默然，對他卻不理不睬，以冷漠的態度來考驗這位懇切的求道者。神光不遠千里，熱心前來求法，卻一直不曾聽到有任何的教誨與鼓勵。在失望之餘幾生退悔，繼而又暗自忖道：「大乘菩薩求道，敲骨取髓，以行布施，刺出身血，以療人饑；散髮於地，讓佛行過；捨身投崖，以飼猛虎。殷誠如此，始得入道。我神光何人，難道不能學古人操履！」於是爲表求道之決心，就在某日夜裏，天空正降著大雪，神光豎立洞門外，一直等到天明，積雪已蓋過了膝蓋。達摩祖師認爲機緣已熟，遂惻然說道：「你久立雪中，意欲何爲？」神光求法心切，久悲未聞正法，親承言教，於是悲淚說道：「惟願和尚慈悲，開甘露（法雨之降，猶如甘露，可以普潤羣生，故稱甘露）法門，廣度衆生。」達摩祖師說：「過去諸佛至高無上的妙道，都是從僧祇劫來，經歷多生精勤的修持，行人所不能行的善行功德，忍人所不能忍的艱難困苦。豈能以小德小慧，及不敬輕忽的態度和自視甚高的傲慢心，冀得大乘佛道眞諦。算了罷！我勸你不必再癡心妄想，以免空勞勤苦！」神光聽後，就暗取利刄忍痛自斷左臂，陳於師前，表示至誠求道之決心。達摩一見，大受感動，知道擔當如來家業非他莫屬了。於是深加器重，就開示說：「諸佛最初求道，無不是爲法而忘軀。你現在斷臂殷誠求法，懇切如此，豈有求而不可得者。」因此將神光之名改為「慧可」。慧可就問道：「諸佛法印（佛法眞諦由心心相傳而印可之。此卽俗云「心心相印」之原意。）可得聞乎？」達摩祖師說：「諸佛法印，不能自外求得。必須內省心地，身究體察，當下自悟才行。」慧可就說：「我雖切志力求無上道，但心中總感時有未安，請師開示妙道，為我安心。」達摩答道：「將（拿）心來，我為你安心！」慧可凝神細細尋覓，亙久方說：「奇怪！我找遍了內外遠近，却怎麼也無法找到那顆不安的心!!」師說：「好了！我已為汝安心竟!!」慧可於言下大悟法門深旨。

二、得祖眞髓，親授法衣

某日，達摩大師突然向門人宣佈說：「我卽將西返天竺。你們何不各言所得，以見悟道的境界呢？」當時就有門人道副答道：「文字在闡明佛法眞諦，不可執著文字，也不可捨離文字，始能得道之受用。」師說：「你祇得到我的皮毛而已！」門人尼總持答道：「就我所知的道，正如慶喜見阿閦佛國（閦，音ㄔㄨ，佛說東方另一佛之國土），一見之後，便了悟實相，豁然開朗，更不須再見了。」達摩說：「你祇得到我的肉而已。」門人道育說道：「四大本空①，故稱人體爲四大假合。五陰②非有，而我所見之處無一法可得。」達摩說：「你也祇不過得到我的骨而已！」最後輪到慧可，只見慧可起身禮拜祖師後，始終立於原位，不發一言。祖師會意就說：「汝乃眞得我『神髓』，從前如來（佛十號之一，因佛乘眞如之道，而成正覺，來三界垂化，故名如來。）以正法眼藏（朗照一切事物謂之「眼」，包涵萬德謂之「藏」。惟佛陀正法具此眼藏）交付迦葉大士（運心廣大能建佛事故稱大士，多爲佛菩薩之稱號）③，如是輾轉相傳而至於我，今又付託給你，並且也把我的袈裟（僧衣）一件做爲傳法的徵信。」接著又說：「內在傳授諸佛法印，以確實證明心地的法門；外則傳授法衣，以明示建立禪宗的宗旨。這是因爲後代的人們，心地漸狹，多疑多慮。或因我是異國僧人，如何能傳法予中國之人？口說無憑，多疑與謗，易滋紛爭，屆時只要出示此衣與傳法偈語，以資證明。對於將來的教化，便無多大妨礙了。在我逝後兩百年，此法衣就停止不傳了。那時，禪宗的法門，週遍各地。不過明道的人雖多，但眞正行道的人很少。而隱身在千萬人中，潛修密行，由此而得證道果的人也會有的。切記！你應當努力護持並發揚此道，萬不可輕視未開悟的人，任何人祇要一念之間，廻轉其向外馳求的放逸心，便同已得證道果的境界。現在聽我說法偈如下：

吾本來玆土，傳法救迷情。
一花開五葉，結果自然成。

四、闡揚宗風，韜光混迹

達摩說偈罷，遂又殷殷囑咐道：「我有楞伽經四卷，也同時轉交給你。這是如來心地法門要典，可開顯指示一切衆生由此悟入佛之境地。我之所以離開印度，來到這東方國土，就是因見中國有大乘氣象，所以踰海越漠，不辭萬里，無非是爲法而求人。前以因緣不具足，所以就面壁兀坐如愚若訥以待時機。靜觀默察數年，現在終於有你來託付大法，我東來之宿願至此已了。」達摩祖師在將衣鉢傳授慧可後不久，即行入滅。

慧可自受衣鉢後，進德修業，益自刻勵；並繼續闡揚宗風，勤求法嗣。後遇僧璨，遂將衣鉢託付予他。慧可自知仍有宿業未償，遂於鄴都隨緣度眾，一音（佛以一音演法，衆生隨類各得解。）演暢，爲衆說法，四衆歡嘆，望風依歸，積三十有四年。其後，韜光混迹，改變形貌，或於茶樓酒館，或于市井街巷，或于屠門粗役，以求歷事鍊心。後於莞ㄍㄨㄢ城縣，（今河南鄭縣）。匡救寺受人毀謗並加罪以非法，師遂怡然委順而償其宿債，時年一百有七歲，時當隋文帝開皇十三年癸丑歲三月十六日。

古人求道，往往忘寢廢食，奮發自勵，歷經磨難，百折千挫，而不稍餒者，豈非積誠之效乎？人但知仰「程門立雪」之風，而不知「洞門立雪」之德風，尤足矜式也（値得人敬法其道）。彼爲法忘軀之精神，直可驚天地而泣鬼神。是知古人所以得證道果者，豈有他哉？乃以此一念之積誠耳！古德云：「不經一番寒徹骨，焉得梅花撲鼻香。」此又得一明證矣！

附註

① 指地、水、火、風（世人稱酒、色、財、氣者誤）。擧凡世間一切有形的物質，都是由四大所造。如人體的毛髮爪牙，皮骨筋肉等屬硬性的「地大」（固體）。唾涕濃血，痰淚便利等屬潮濕性的「水大」（液體）。溫度暖氣屬溫暖性的「火大」（溫度）。一呼一吸屬流動性的「風大」（氣體）。

②即五蘊，謂色蘊、受蘊、想蘊、行蘊、識蘊，「色蘊」屬於物質──地、水、火、風四大所造。後四種屬於精神。「受蘊」──有苦受、樂受、捨受；「想蘊」──於善惡愛憎等境界中，取種種相，作種種想；「行蘊」──行就是行爲或造作，由意念而行動去造作種種善惡業（心念所成之一種力量，佛學稱業力）；「識蘊」──由識去辨別所緣所對的境界。由上物質（色）與精神（心）的組合而構成人身。

③昔日世尊拈花示衆，默然不言，在座大衆，悉皆茫然，莫解其意。獨迦葉尊者破顏微笑。世尊說：「吾有正法眼藏，涅槃妙心，實相無相，微妙法門，敎外別傳（直指佛祖心印，離經敎文字，諸言語所不能得，故云），付囑摩訶迦葉。」這就是禪宗最早之授受。爾後，代代相傳，以心印心，闡明直指人心，見性成佛之旨，實始於此。大迦葉受法後，是爲禪門初祖，遞傳至二十八祖達摩，達摩東來，是爲中國禪宗初祖。

一七、不識一字頓悟自性的六祖——慧能

一、人有南北，佛無南北

禪宗第六代祖師——慧能，大師生於唐太宗貞觀十二年二月八日子時。俗家姓盧，本籍在河北范陽，後來因其父貶官到嶺南，就落籍到廣東了。師在三歲時喪父。賴其母守節撫孤。家中非常貧苦，慧能常往來山中砍柴，以賣薪維生。一日慧能背負木柴至市中交易罷，偶然聽見有人在旅店裏誦念金剛經，由於宿慧深厚，聽罷豁然有省（省悟）；不覺悚然心動。於是好奇的向客問道：「此經何名？得自何人？」客說：「這是金剛經，得自黃梅東禪寺弘忍大師處。」慧能聽後倍感欣

幸。在返家後，先將老母安頓妥當，就直接來到韶州。途中遇一尼師名無盡藏的，慧能聽其誦讀涅槃經，就能解說經中義理。尼師就執卷逐句問字，慧能就說：「我不識一字，至若義理，我可瞭然。」尼師怪問：「你旣不識一字，如何能會出其中義理呢？」慧能卽答：「文字是用來顯示義理的，諸佛無上妙理，豈是區區文字所能盡闡。」尼師始大感驚異，知非凡人。及至黃梅參禮五祖弘忍大師。五祖一見就問道：「你從那裏來？」慧能答道：「嶺南。」師問：「意欲何爲？」答道：「惟求作佛。」師說：「嶺南人豈有佛性？怎能成佛呢？」五祖的問話全是機鋒，原係一種測驗。而悟性甚高的慧能對答甚妙，他說：「人雖有南北，佛性本無南北。」五祖一聽，便知師乃上根利智，本想跟他再作進一步的交談，但見徒衆都在左右，恐引人妒嫉，亦想借此以磨鍊他，於是就喝令師隨徒衆操作寺務。慧能禮足而退，便到後院磨坊，作舂米劈柴等苦差事。這些粗活都是須要具備極大的耐性始克承擔，而且當時五祖的口氣也很不客氣，只要稍有我慢的人就無法忍受。然而求道心切的慧能都泰然處之。所謂「玉不琢不成器」，經不起考驗的人，又怎能稱得上祖師呢？慧能在寺中，經過八個月晝夜不息的默默工作。五祖暗地觀察，心中默許，知道付授衣缽的時機已成熟。於是就事先宣告於衆說：「法門眞諦，本難理解，不可徒記老師言語據爲己見，悟道貴在自得。你們各各隨自本心作一偈語，來呈與我，看誰悟道，我就將衣法（衣缽與正法）付與他，做爲第六代祖師。」

二、菩提非樹，明鏡非臺

當時五祖座下法席很盛，會中大衆有七百餘僧，而其中以神秀爲首座。神秀俗姓李氏，洛陽尉氏人，少年時卽已遍覽經史，博學多聞，未幾發心出家。唐高宗武德八年，受具足戒於天宮寺。秀師身長八尺，濃眉秀目，威德具足，氣宇軒昂有若帝王。自入五祖門下，運水挑柴以苦自役，精勤不懈；五祖默察許久，知是法器，因而倍受器重。而秀師悟解超羣，向爲大衆宗仰。由是大衆共同推尊以爲：此偈非神秀莫屬，神秀身爲敎授師，素負衆望，雖有一偈早想上呈，又恐呈偈有奪聖位之嫌，但不呈偈，又不知自己是否悟道？心中十分矛盾，遲之旣久，於是乃在廊壁上書寫一偈道：

身是菩提樹，心如明鏡臺。

時時勤拂拭，勿使惹塵埃。

五祖見到此偈，知道是神秀所作，雖未見自本性，但很適合中下根性的人修持。就讚嘆道：「如果後代有人依此修行，必能漸漸熏修而得勝果。」慧能這日正在碓ㄉㄨㄟ坊中工作，忽然聽到有一小沙彌唱誦偈文，慧能一聽之下，便知此偈未見本性，乃出而詢問究竟。沙彌便說：「和尚欲求法嗣，已令衆人各各作偈一首，以證悟道境界。此偈乃是神秀上座所作之偈，和尚見後，非常歎賞，想必將付法衣給他！」慧能當下心中便也成偈一首，因已不識字，欲令沙彌代書，沙彌說：「你也會作偈呀!!實爲稀有。」慧能說道：「欲學無上菩提，不可輕於初學。」沙彌乃說：「你但誦偈，我爲你書。」於是夜間，密請此沙彌，引他到廊下，慧能在旁持燭，口誦偈文，由沙彌書寫於神秀偈文之側。偈曰：

菩提本無樹，明鏡亦非臺。
本來無一物，何處惹塵埃。

三、三更入室，付授法衣

此偈一出，次日就被傳誦到五祖耳中，祖知慧能已見自性，心中暗喜。但他一見衆人驚怪，惟恐別人妒害，就故意說：「這是誰作的？也未見性！」並即刻用鞋子擦掉偈文，以示無足怪異。大衆聽到五祖之言，也就不以爲意了。隔日，五祖避開大衆耳目，暗自進入碓坊中，看見慧能正辛勤舂米，心中大爲感動。就嘉許道：「一位有志求道的人，不惜勞苦爲法忘軀，就當像這樣的吧！」五祖又用機鋒之語問道：「米熟也未？」慧能即刻會意，就說：「米熟已久，惟欠篩子」（篩音ㄕㄞ，煮東西過濾用的竹器）五祖便以手杖敲碓（音ㄉㄨㄟ，舂米的器具）三下，暗示他今晚三更來見，慧能當下會意。就於三更時分進見五祖，五祖爲他付授金剛經大旨，講到「應無所住而生其心」處，慧能聽言當下大悟，原來一切萬法本不離自性。於是就稟告五祖說：

何期自性，本自清淨。

何期自性，本不生滅。

何期自性，本自具足。
何期自性，本不動搖。
何期自性，能生萬法。

五祖至此，遂印證慧能確已洞徹本性。五祖就在這天三更時分，傳授頓悟教旨，並付予法門衣缽，而寺中僧衆俱皆不知。五祖並殷殷咐囑：「自今以後你就是禪門第六代祖師，希望你善自護念本性，並且廣度一切有情衆生，使佛法永久流傳下去，勿令斷絕。現聽我說偈：『有情來下種，因地果還生。無情亦無種，無性亦無生。』」遂又咐囑道：「以前達摩初到中國，一般人尚未建立信心，所以借傳衣缽以表示得法。現在信念淳熟，法衣之傳授，反而會滋生爭端。因此傳授衣缽就到你爲止，不要再傳下去。而且今後你還得找個安全的地方先隱居起來，等到時機成熟，再出來施行敎化。當知承受衣缽的人，因法門存亡續絕所繫，最易滋生爭端，故要特別謹愼小心才是。」慧能就說：「當隱居於何地較妥當呢？」五祖指示說：「到了懷集縣（廣西蒼梧），就可以歇脚；到了四會縣（廣東粤海），就卽刻隱藏起來。」六祖慧能領了衣缽，辭別了師尊，當夜向南行去。到了四會縣，卽隱於獵人羣中避難，凡十五年。

四、風動旛動，仁者心動

到了唐高宗儀鳳元年正月八日，六祖到廣州法性寺，正遇印宗法師講涅槃經，某日有兩位僧人，因見風吹旛旗飄揚，而起爭論。一僧說是風動，一僧說是旛動。二人爭執，議論未休，慧能聽後，就說：「既不是風動，也不是旛動，是你自己心動。」此語正是說明「心生則種種法生，心滅則種種法滅」的道理。印宗法師聽到慧能言簡理當，慧性過人，大感驚異；就立刻延請慧能高坐上席，並問他說：「賢者必非常人，久聞黃梅衣法南來，難道就是賢者嗎？」慧能也不再隱瞞，就坦誠敍述自己得法的因緣。印宗法師究竟是個通達之士，他見慧能得到五祖衣法，非但不起妒心，反而慕德敬賢，唯道是師，馬上就執弟子之禮，請慧能爲他講授禪門要旨。慧能卽爲演說大法，印宗所疑立釋，歡喜無量，自言前所說經猶如瓦石，而讚嘆慧能所說方是眞金。當下卽宣告大衆說：「我印宗是具足（實足的）凡夫，現在遇上了肉身菩薩。」並卽介紹在座之慧能乃是肉身菩薩。慧能遂出示五祖所傳衣缽，讓大衆各各瞻仰禮拜。到正月十五日印宗法師就會集諸名德，爲他剃髮，至是六祖始正式顯現出家莊嚴威儀之相，而身居剃度師的印宗反以師禮奉侍慧能。三月八日六祖又在法性寺由智光律師授具足戒。此戒壇就是南朝宋求那跋陀三藏所建的。三藏曾說：「將來當有肉身菩薩在這壇上受戒。」又梁朝末眞諦三藏在此壇旁親手種了二棵菩提樹，並對大衆預言：「往後一百二十年，有大菩薩在這樹下開演無上乘，並且要度無量衆生。」到現在都一一應驗了。六祖慧能就在這菩提樹的下面，開演東山（四祖道信、五祖弘忍都曾住東山，故其法門曰東山法門）法門。第二年六祖又返回韶州（在廣東）寶林寺，韶州刺史韋據請師在大梵寺轉妙法輪（講經說法以度衆叫轉法輪），他的門人把法語記錄下來，就是現在盡人皆知的六祖壇經。後來，六祖又到曹谿，弘演大法，普利羣生，跟隨他的學者，不下千人之多。

五、一花五葉，禪法大興

唐睿宗太極元年七月一日，慧能於國恩寺召集徒衆說：「我將離此世間，你們不必悲涕，諸佛應化世間，尙且要示現涅槃。因爲世間所有，都是有來就有去的。我從大梵寺開始說法，一直到現在，所有法語全都記錄在法寶壇經裏。你們要好好守護，定可成就自己，將來輾轉傳授，必能化度衆生。只要依此壇經說法，就可稱爲正法。現在我爲你們說法，此後不再傳授法衣了。因你們信根淳熟，將來弘法大事，必能勝任無疑。從前，初祖達摩大師，就曾經作偈示意，不再傳授衣缽，以免無謂之爭執。其偈文爲：

吾本來茲土，傳法救迷情。
一花開五葉①，結果自然成。

六祖慧能開示已畢，兀然端坐，一直到三更時分，忽然開口對弟子說：「吾去矣！」遂奄然遷化（圓寂）；當時只聞到異香充滿室內，天上有一道白虹貫穿入地，林木盡皆變白，各種飛禽走獸都發出了哀悼的鳴叫聲。六祖入滅時年七十有六歲。

六、南能北秀，頓悟漸修

六祖慧能與神秀大師同爲五祖門下，德行並美，而神秀係北方人，形貌雄偉有聖賢氣度，所化度的以北方弟子爲多。六祖爲南方人，身形矮陋清癯（陋指形貌醜），未若秀師雄偉，嘗自謙謂：「北方之人見我短陋，恐會因此看輕佛法，先師知我與嶺南有緣，故指示我化度南方之大眾。」因此六祖終其一生不越大庾嶺，其弟子多爲南方人。二師度化之法各有不同，一主頓悟，一主漸修，實則「法無高下，對機則佳」。六祖亦曾說：「法本一宗，人有南北，即一法種，見有遲疾，何名頓漸，法無頓漸，人有利鈍，故名頓漸。」確係平允之論；然則「理可頓悟，事須漸修」，禪門有「先悟後修」，有「先修後悟」，亦有「悟修同時」②。「悟」是理上悟，「修」是事上修，理上圓，事上未必圓，必須理事圓融，悟修並重，始契禪門本旨。所謂「言下頓悟」、「悟後便休」等語，乃針對理上而言，切不可誤解。而且所謂「頓悟」，亦是積漸而致，非一蹴可幾，六祖慧能在悟前則劈柴、舂米八月有餘，悟後則隱身獵人羣中歷十五年，正是歷境驗心之明證。二祖慧可在未遇達摩以前，曾在香山靜坐八年，既遇達摩於理上開悟後，爲衆說法，積三十四年。又韜光混迹，或入酒肆，或過屠門，或習街談，或隨廝役，雖說潛身藏行，以待時機，亦是歷事而煉心之驗也，凡此無不是事修的功夫。慧可斷臂求法，達摩開示云：「諸佛妙道，曠劫精勤，難行能行，非忍而忍，豈以小德小智輕心慢心欲冀眞乘。」可見禪門絕非悠悠忽忽，苟且倖得。雖上根人，亦不可執理而廢事（只知參究禪理而廢實修功夫，不知循序漸進，下學而上達），中下根人亦不可執事而昧理（只知執意事修，而昧於禪理之參悟），因此南頓北漸二派之異，乃爲接引方便起見，故不得不分爲二也。慧能與神秀二大師，心中本無頓漸之別，其後末流強分爲二，互爭門庭，不肯相下，此豈是二師本意呢？到了晚明流弊更大，或以靜坐爲禪，或以不讀書爲禪；或以棒喝爲禪，以逃避現實爲禪；甚者，以酒色財氣，恣意放蕩爲禪，是則與禪門本旨更相違遠矣！

附註

① 所謂「一花開五葉」，是指六祖慧能乃禪門一朵燦爛的花，禪宗由他衍成曹洞、臨濟、雲門、潙仰、法眼五派，是爲禪門五葉。（慧能以前之禪宗承傳全係單傳，慧能以後，打破傳統，改爲廣傳）。一說：「一花」，指初祖達摩自己；「五葉」，指二祖慧可、三祖僧璨、四祖道信、五祖弘忍、六祖慧能。其後，又有「五家七宗」之說，乃除六祖慧能所開五派外，其中臨濟宗又出黃龍、楊岐二派，是謂「五家七宗」。

② 禪門悟道境界有破三關之說——㈠「初關」：破本參時，見得空性，不起意識分別「見山不是山，見水不是水」。㈡「重關」：由空性起用，識得妙有，「見山還是山，見水還是水」。㈢「末後牢關」：人法俱空、頓超佛地。一說「初關」：乃破第六意識。「重關」乃破第七末那識，破我執證人空之境界。「末後牢門」乃破第八阿賴耶識境界，破法執證人法雙空之境界。復次，禪宗雖重直指，大抵可分爲四種：㈠頓悟頓修，㈡頓悟漸修，㈢漸修頓悟，㈣漸修漸悟。總離不開「理悟」與「事修」，圓融之道，乃在「頓漸不二，理事全收」八字。

一八、威震五印揚名西域的——大唐三藏法師

玄奘大師，是我國歷史上最早揚名國際的偉大留學生，他爲了追求眞理，滿足求知慾，不辭長途跋涉，以一雙布履、一襲破衲萬里孤征，終於到達印度，得遂所願。在異國他鄉的印度獲得學術上最高的榮譽，爲我國留學生立下了一個典範。他從印度帶回極具價值且數量豐富的典籍，並加以翻譯流傳。在促進中印文化思想的交流上，他的貢獻極大，可說是首屈一指的功臣。我們不能僅把他看成是一個宗教家，他也是翻譯家、哲學家、辯論家、旅行家，更是思想文化交流運動的大力推行者。所以他的成就及影響力是多方面的。中國民間有一部最爲膾炙人口的小說——西遊記。內容就是取材於三藏法師玄奘至西域取經的故事。可見玄奘大師偉大事蹟

的深入人心了。但西遊記全係小說性質，怪誕神奇本不足憑。本篇所撰，是以歷史傳記的眼光加以敍述的。

一、書香門第，非聖不習

玄奘大師，俗姓陳，是河南陳留人（今偃師縣）。單名禕（音一或ㄏㄨㄟ）。其祖康以學優登仕於齊，任國子博士，其父惠，品德高尚，早通經術，身長八尺，美眉明目。曾任江陵縣長，但資性淡泊，又因隋政衰微，便隱居在家，潛心讀書。當時有識之士，都稱讚他的志節。大師生於隋文帝開皇年間，排行老四，是惠的幼子。自幼聰明的他，生得眉清目秀，氣度不凡，在八歲時，他父親爲他講授孝經，當講到「曾子避席」一節，奘師急忙整襟而起，拱手侍立席側，其父問他何爲起立？他對答道：「曾子聽到師命就知避席。我玄奘現在稟受庭訓，怎可安坐如故，不知禮數？」其父聽了很高興，知道他日後必成大器。

奘師在他父親悉心的教導薰習下，備通各部典籍，在他小小心靈中就愛慕古聖先賢之遺風。平日凡不是雅正的書籍一概屏絕，凡不合聖賢矩度的也一律不學。他不喜結交那些嬉戲好玩的朋友，也不好閒蕩街市。只要一卷在手，卽使門外鑼鼓喧天，百戲雜陳，仕女雲集，熱鬧非常，都不足以動其心，祇是一心一意埋頭書册如故。

二、隨兄詣寺，破格准度

奘師自幼卽知和顏悅色以奉養父母，並能善盡人子「昏定晨省」（臨睡時，問父母是否能安其床曰「昏定」。晨起，省視父母晚間是否能安其枕曰「晨省」），冬溫夏凊ㄐㄧㄥ(冬天則視父母服御是否能禦寒曰「冬溫」，夏天則視父母能否清凉避暑曰「夏凊」）之道。他個性淳厚樸實，爲人謙和，做事謹愼。這些都是他日後成爲一個偉人的基本要件。

奘師二兄陳捷，先在東都(洛陽)淨土寺出家爲僧，法號長捷。默察法師堪任法教，就敎他誦習經典。正值朝廷有勅，將於洛陽度僧二七人，選拔學問德行優異，志願出家修行者，列入僧籍。（當時出家必須由皇帝頒詔，並限定名額，地方奉勅，經過嚴格考試通過，始獲錄取）當時有志出家，成績優異的有數百人之多。奘師因年幼、不夠資格，根本不能參加考試。因此只有站立在公門外徘徊瞻顧，以渴盼羨慕之心情，痴立一隅。也許是皇天有眼，正好遇上負責度僧的大理寺卿鄭善果，善果素有知士之鑒。一見到眉目清秀，器貌不凡的奘師徘徊不去。心中不覺爲之一動，不禁問他是誰家子？爲何要出家？奘師立刻自報姓氏並坦率答道：「爲了要遠紹如來(佛)家業，近光佛教大法」。大理寺卿聽後，甚爲驚異，既奇其貌，又深深嘉佩其偉志。就特別法外開恩，破例錄取了他。並對人說：「徒會誦經的人，俯拾皆是。而具有凝重高遠風骨的最爲難得，若度此子，將來必爲釋門偉器。但恐果與諸公不能親見他翔翥於雲霄（飛黃騰達）的時候了！」他出家後，就先隨他二兄同棲止于淨土寺。

當時，寺中有景法師講解涅槃經，奘師常執卷聽於講座下，初聆法音，即感到怡悅無比，竟至廢食忘寢。後又隨嚴法師學攝大乘論，好樂音一厶之心彌摯，凡經論只要聽過一遍，然後再溫習一遍，就永不會遺忘了。大衆對他的才智都感到很驚異，於是便請他昇座覆述。奘師登座後，果然不負衆望，法音抑揚頓挫，剖析明暢，能將法師所講的宗旨，發揮得淋漓盡致。因此他的令名美譽從此就被傳揚開來，那時他不過才十三歲的年齡而已。

三、遊蜀受業，昆季並芳

其後隋朝末年，天下鼎沸，洛陽幾爲盜賊之穴。奘師雖然年幼，但已能通情達變。他默察局勢知道此非久居之地，於是就隨其兄投赴長安。到了長安，這時已是大唐的天下了。高祖武德元年，國基草創，兵甲未休，朝廷以用兵之術爲急，至于佛儒之道，則力有未逮。因此在京城裏面，根本沒有講經說法的道場。奘師對此深爲感歎。而當時佛法人才因戰亂關係，大多集中在四川。奘師乃跟其兄相商，認爲此地既無佛法，何必在此虛度光陰呢？於是兄弟兩人就離開長安，經子午谷（在陝西秦嶺山中爲川陝交通孔道）進入漢川（縣名，屬湖北省）。在那裏碰到空、景二位法師，他們都是佛門中有名的大德。彼此相見，不覺悲喜萬分，師兄弟二人就留彼月餘日，隨從二位大德受學，獲益匪淺。奘師時年十七歲。

後來又到成都，因避難而來的四方人士很多，佛門大德亦幾乎都輻湊于此，法運稱盛一時。由于機緣的殊勝，奘師更加愛惜寸陰，刻勵精勤無晷刻(暫時)或懈。在此二三年間，就已通達各宗經論了。當時天下兵荒馬亂，唯有蜀中民豐物阜，地方安寧。所以四方僧人前來投靠的愈來愈多。師每次講經座下常有數百人。因師才智俱高，當時無人能企及。因此吳(江蘇)、蜀(四川)、荊楚（湖南、湖北）等地，無不久仰其名而想望其風采。奘師之兄，住在成都空慧寺，爲人風神朗俊，體狀魁傑，有類乃父。凡內（佛典）外(諸子百家)諸學無不誦習。曾設法筵開涅槃經、攝大乘論、阿毗曇諸經，尤擅長老莊之學，爲蜀人所欽慕。其屬詞談吐，蘊藉風流，接物待人，引接凡品，固無愧于其弟。至若亭亭獨秀，不雜塵俗；遊八紘(ㄏㄨㄥ，天之八維）而窮玄理，廓宇宙以爲志，繼聖達而爲心，對萬乘而節逾高，固亦其兄所不及。兄弟二人懿美的德行，清高的風範，芬芳的名聲，雅正的材質，可與廬山慧遠、慧持兩兄弟，先後媲美。

奘師在年滿二十歲時，於成都受具足戒(具足圓滿之戒，比丘共二百五十戒)。坐夏安居研究律學，所謂「五篇七聚」(戒律分篇類聚，內容說明其罪性及其因果等）他讀一遍就能理解受持。在彼處的各部經論窮研既盡後，就想回到京城，作進一步的參訪與研究。但因路途遙遠，爲其兄所勸阻。然而却遏不住奘師熾熱的求知慾。乃私下與商人結伴，汎舟渡越三峽，直到荊州天皇寺，彼處緇素（緇音ㄗ，爲緇衣，爲僧服，代表出家人。素爲白衣，印度俗人之服，代表在家人）久仰師名，都請他宣說佛法。因此奘師就爲他們開講攝大乘論、阿毗曇論。從夏季到冬季，各部講了三遍。當時，漢陽王威德素著，以皇室懿(近)親坐鎭荊州，平日禮敬沙門，聽說奘師至彼，非常歡喜。不但親自禮謁，而且率領他的僚屬及道俗中有才藝的人，都集中前來請益。奘師解疑釋難，應對自如，無不令人辭窮意伏。其中有深悟者，悲不自勝，相見恨晚。漢陽王爲之稱歎不止。大衆的財物供養，雖堆積如山，奘師却一無所取。

四、徧訪名師，釋門名駒

奘師在荊州講完經後，又向北遊，到處訪求明師先德。先後到相州（河南安陽）造訪慧休法師質疑問難；又往趙州（河北趙縣）進謁道深法師學成實論；又入長安棲止于大覺寺，親近道岳法師學俱舍論。這些經典，師一經聽聞，就能洞達無疑；一寓于目，就能謹誌不忘。縱令是宿學（學佛很久）耆年（年齡很老），都不能與他相比。至于體究深遠之宗旨，抉發隱微的道理，莫不妙契神悟，更非他人所能望其項背。這時在長安有法常、僧辨二位大師，對大小二乘及戒定慧三學，都能窮究通達。他們是當時京師的宗匠，緇素二衆莫不對之歸心。其名聲不僅威振中國，而且也遍馳海外。從遠地負笈（背着書包）前來請教的，絡繹于途。奘師不以既有之成就而稍感自足，誠心地向他們求教，憑其敏銳的領悟力，一觸卽能通曉。二大師都對奘師嗟賞不置，稱他爲「釋門千里駒」。並且都預料將來宏揚正法，使法門隆盛者，自非師莫屬，老朽如我輩恐不可得而親見矣！此後，其門徒無不對之另眼相看，師之聲譽亦傳遍京師。

五、決志西行，夢見寶山

奘師既遍謁名師，飽餐法味，而經審愼考究其理，但覺其中雖各樹宗派，自成一說。若與原典相比，其義或隱或顯，時或不免有所出入，令人莫知所從。乃發願，誓遊西方，以釋衆疑。並且想到以前法顯、智嚴等大德都是一時之俊彥，皆能爲法西去，導利衆生，豈能任彼輩高蹈的行跡，無人繼踵，淸高的風範，從此斷絕。身爲頂天立地的大丈夫，就當步武（追隨）前人的足跡，無所瞻顧。於是聯合道侶數人，準備啓行；行前上表奏陳皇上，請求前往印度留學，可惜朝廷有詔不許。其他幾位道友，都因而退心，唯有奘師一人毫不生退屈之想，乃決意一人西行。雖然，他知西行之舉艱險無比，但是僅憑着一顆渴求眞理的心，與滿腔宗教之熱忱，使他懷着無比的信念，義無反顧。奘師在出發前，曾入佛寺許請，先申明心意，此行不爲名，不求利，但爲法爲道。願衆聖冥護，令得順利達成任務。師在出生前，其母就曾見師身着白衣西去求法。可知法師西行已早有先兆了。

唐太宗貞觀三年秋八月，大師將要出發，在佛前默求祥瑞。是夜夢見：遠處有一大山爲四寶所成，極爲莊嚴絢麗。正想攀登而上，卻見波濤洶湧梗阻于前；雖無船筏濟渡，但心不爲所懼，奮身躍海而前。此刻忽見石蓮華踊現乎波上，隨着脚步而生，眞是「步步生蓮」，蓮花又隨着踏過的脚跡而幻滅。須臾來到山下。其山陡峭不可攀，便試着踊身自騰，突然興起一陣狂飈ㄅㄧㄠ，就隨扶搖而上，一直昇到山頂。四望廓然遼濶，喜極而醒。回想此夢，得一啓示，凡事只要有毅力與決心，終必底于成。於是西行之意志彌堅，更不再遲疑了。這年奘師二十六歲。

這時正好有秦州（屬甘肅）僧人孝達在京師學涅槃經，事畢返鄉，奘師就偕孝達同行，到秦州住一宿。又遇見去蘭州的同伴，就隨行至蘭州；度過一宿。接着又遇涼州人送官馬歸，又隨行到涼州，這一路可說很順利。在此停留了月餘，由於奘師之名素著，道俗（在家人與出家人）請他開講涅槃經、攝大乘論及般若經。凉州是河西都會，連接西域各國，商品往來，絡繹不絕。奘師開講，法席稱盛。衆人聽講後，皆施珍寶，稽顙讚歎。商旅各還歸其國，就向其君長再三揄揚，並宣說奘師即將西來。當時，西域各國素來尊重佛敎，聽到這個消息，無不心生歡喜，準備恭候師之駕臨。

六、偷渡出境，老馬相隨

當時唐室新建，戰爭方戢（停止），嚴關自防，不許百姓出境。是時凉州都督李大亮奉命守關。他聽說奘師要離境西去，就逼令他還京。奘師正無法可想的時候，正好有位慧威法師，是河西的佛敎領袖，他很欽佩奘師的學問，又極同情奘師西行求法的壯志。於是暗地派遣二個弟子，一名慧琳，一名道整，秘密送奘師偷渡出關。他們晝伏夜行，到達了瓜州（甘肅敦煌）。瓜州刺史獨孤達聞奘師來到，非常歡喜，供養特厚。法師就訪求西行的路程。得知從此北行五十餘里，在瓜蘆河，下廣上狹，洄波很急，深不可渡。上設玉門關，是必經之路，也是西境的咽喉所在。出闕西北又有五座峰，各相去百里，中無水草。五峰之外，就是莫賀延——伊吾國境。師聞後就很擔憂，而所乘的馬此時已死，計無所出。就這樣在瓜州躭擱了一個多月，而涼州的訪牒(官文書)適於此時又抵達，書中說明要緝拿一位出家人——玄奘。幸好州吏李昌原是虔信佛法的人，他得書首先懷疑眼前這位出家人，可能就是玄奘；就出示牒文，並問師是否卽是玄奘。奘師正在遲疑是否應吐實，李昌告訴奘師當實語相告，自當盡力設法幫忙，奘師乃據實而說。李昌聽後，甚表同情。就當面撕毀文書，並力勸奘師應及早離此為妙。

這時令奘師為難的是，隨從的二位小僧，道整已經先向敦煌去了，只有體弱多病的慧琳在旁，現已不堪長途之跋涉了，於是索性遣回，正苦於乏人引路，乃在彌陀像前，虔誠祈求，願得一人相引渡關。這夜就有個胡僧達磨，夢見奘師坐一蓮花向西行去。心中暗感奇怪，翌晨卽報告奘師，奘師心中竊喜，認為是將成行的佳兆。正好有一胡人來奘師處請受五戒，並携來許多餅菓，供養法師。師見他貌恭敬而體又健壯，遂明告西行之意。胡人卽慨然允諾送師渡過五峰。師乃大喜，約定次日黃昏時分，在城外草叢中見面。次日，那胡人更與一個胡翁同來，並帶來一匹既老且瘦的馬相隨。胡人說：「這老翁非常熟悉西行的路，曾先後往來伊吾達三十餘次」。有關西去疑難問題，不妨請問于他。胡翁先開口道：「西行之路，險惡無比。沙河之阻隔姑且不論，最難熬的乃是鬼魅熱風，遇者無可倖免。就算是徒侶衆多，猶常迷途，況師一人獨行而前，成功之希望非常渺茫！」但奘師卻毅然決然的表示，只要爲求大法，縱使死於中途，亦在所不辭。胡翁見他志意堅決，就說：「師必要去，可換乘這匹馬。不要看它既老且瘦，它可眞是識途老馬，並且穩健有力。」師因憶起在長安出發時，曾有一預言家爲師占卜說，師將乘一赤老瘦馬西行而去，至今果然吻合。

七、萬里孤征，歷盡磨難

奘師於是與一胡人，一老馬踏上征途。行不到二天，胡人因懼前途險遠，且乏水草常有飢渴之患。況且，偷渡不成，一經發覺，絕少活命，因生異心，奘師也不勉強，就將他遣回。從此剩下奘師一人一馬孑然孤征，放眼前途，只見一片沙漠茫如烟海。沿途辨路，惟賴認着一堆堆白骨及馬糞，逐漸前行。這樣走着走著忽見前有軍隊數百，都披着皮裘，跨着駝馬，並擎着旌旗，滿身沙磧，乍行乍止，倏忽千變，遠觀尚覺清晰，漸近則漸模糊。初看時以爲是賊衆，漸近而滅，乃知全係妖魔鬼怪所幻化。但每一遇險，輒聽空中有聲言：「勿怖！勿怖！」由此心得稍安。

如此逕自走了八十餘里，才望見第一座烽火臺，烽火臺西有水草可以汲飲。爲了潛藏形跡，只有耐心等到晚間才敢行動；當飲水盥手畢，正待取皮囊要盛水時，忽有一箭颯然而至，師知行藏敗露，只得坦然現身，聽後發落。師隨卽被帶到守將王祥處，王祥得知奘師西去之意，就告訴他西行之路艱險，不如同去。奘師表示因深恨佛經有所不周，義有所缺，所以不惜性命，不憚艱危，誓往西方取經，絕不回頭一步。王祥本是佛敎徒，聽後深受感動，於是決定助師西邁，乃爲師備妥淨水及乾糧，並且指示途徑，親自送行十餘里之遙。師由王祥之助又順利抵達第四烽。守將王伯隴本是王祥的宗親，得祥之引介亦以大皮囊及馬料相送，並告誡奘師第五烽守將爲人粗率，不要冒險。距此百里許，有一野馬泉，可往取水續行。從此已往，便是莫賀延磧，全長八百餘里，就是古人所稱的流沙河。沿途上無飛鳥，下無走獸，復無水草。必須克服這段最艱難的路程，才可抵達伊吾國境。

奘師依着指示前行，繞過第五烽，走入一望無際的大沙漠。這時可謂「前無古人，後無來者」，汲汲顧影，惟有人馬相依而已。奘師一路上只管念「觀世音菩薩」名號及持誦般若心經，所持誦的般若心經，係他在四川因遇見一個病人，滿身惡瘡臭穢，衣服破爛污損，令人不敢接近。奘師發憐憫心，不避惡臭，施與衣服飲食。病者感激之餘，乃口授心經以爲報，並叮嚀常念必可解厄。奘師因常誦習，頗有靈驗。師在流沙河常逢諸惡鬼，奇狀異類，繞身前後。因誦念心經，果然隨音所至，邪魔惡鬼皆自消散，每歷危厄，得以平安渡過，都靠持誦之功德。

師行走了百餘里後不知不覺，就迷路了。遍覓野馬泉不得，正想下馬取囊飲水，豈知皮囊袋重，一個不愼，失手傾覆。這賴以行走千里的水糧，一旦罄盡，豈不令人完全絕望，況且前路盤廻紆曲，尚不知將伊胡底。乃想逕回第四烽取水再來。返身行了十餘里，一想：「我原先發願，若不至天竺（印度），絕不東邁一步；寧可西行而死，不能歸東而生」。於是旋轡又回，繼續鼓勇前行。一路上只管專心持念觀音聖號，直向西北邁進。那時，四顧茫茫，人困馬乏。夜間則見魑魅之火，爛若繁星；晝間則驚風挾沙，如急雨般刺人。又有乾熱之氣，蒸人欲嘔。師雖遇此種種磨難，心中却坦然無懼。唯苦水盡口渴最爲難熬。這樣經過四夜五日，曾無滴水霑喉，口腹乾焦，幾乎渴死。走至無力再走了，人馬均困臥沙中。但心中默念觀音聖號，不曾捨離。因默禱菩薩說：「玄奘此行，既不爲財利，又不爲博取名譽；只是爲了無上正法而來。仰祈菩薩，慈念衆生，以東土群生法身慧命爲重。」如是默念不已，到了第五夜半，忽覺凉風觸身，通體舒暢有如沐冷水浴般，精神乃大振，眼睛從矇矓中乍得明亮，那忠心耿耿的老馬也振鬣（ㄌㄧㄝ馬頸上毛）而長鳴。身既得稍蘇醒，便卽小憩一會，師於睡夢中見一護法大神，身長數丈，執戟說道：「你爲何不振起精神，奮勇前進，長臥此處何爲！」師因驚懼而起，卽刻上馬前行十里，老馬此時突然像發狂般奔馳而去，全然不能控制，就這樣狂奔了數里後，映在眼簾的竟是一片清水草原。驚喜之餘，卽刻下馬，先讓老馬吃個痛快。這草原中一泓清水，不但澄澈如鏡，而且甘澄異常。乃以身就池飽飲一頓，如是人馬俱得蘇息。此時忽想依地圖所示，此處絕無水草，當係菩薩慈悲應化而有，感激之情，不能自已。其至誠感通之處，類皆如此。師在草池停留一日，然後盛滿清水備妥糧草，繼續進發。更經兩日，方走出流沙，抵達伊吾（新疆哈密）。

到了伊吾，棲止在一古刹中。寺內有漢僧三人，其中有一老者，一聽說師至，衣不解帶，鞋不及穿，就趕忙出來迎接。不知是悲是喜，抱持法師哽咽不能自已。邊說邊泣道：「不圖此生，竟能及見故國之人！」奘師也爲之傷感涕泣。

八、辭王慰留，志意堅決

當時高昌（今新疆吐魯番）王麴文泰奉佛甚虔。早於奘師在涼州講經時，就由商旅口中，得悉奘師西行的消息。因此就派使者至伊吾境準備接駕。這日正欲返國，恰遇奘師來到。立刻飛馬歸報國王。國王聽到消息後，十分興奮，即日派遣使者告訴伊吾王，請他留住奘師；一面選備上乘馬數十匹，派遣特使，專程迎駕。經過十幾天，抵達伊吾。特使便將國王殷勤禮請之盛意，轉告法師。奘師原擬取道伊吾國直接向西北行，越過巴爾庫山，沿天山北麓西行，轉往天竺，根本沒有去高昌國的打算。現在既然高昌王誠意相邀，只得隨使者走一趟。經過六天的行程，來到高昌邊界白力城。抵城時已近日暮，奘師暫停城中，擬過夜再行。而城中官員及特使告訴他，王城不遠，國王急欲接見，可換乘良馬，連夜趕進京。師只得將所乘老馬留給特使，隨後帶來。奘師當夜遂行，是日夜半，抵達王城。

高昌王一聽說奘師來到，立刻與侍從列燭兩旁，親自出宮迎師入宮。然後恭敬禮拜，自稱弟子並說：「自從聽聞法師之名，就歡喜得忘却寢食，預計法師今夜必至，所以與皇后在宮中讀經恭候，以是通宵未眠。」是時，天將欲曉，王見師有倦意，就回宮就寢。留下太監數名，侍候法師休息。翌日天方曙，王已率王妃前來請安。王說：「弟子思量自中國到此，沙漠險阻，而師能單獨前來，這種勇氣與毅力，實在不可思議。」言罷流涕稱歎不能自已。這段時日，王對奘師生活起居，照顧得無微不至，並特派太監日夜侍候。王一直有意留師永住高昌國，俾能專門教化此方。於是想出種種方法，擬加說服。就命年逾八十歲的國統王法師與師同處，並要他勸師勿往西方，但奘師不允。師只停留十幾天，就向王辭行。王殷勤慰留，表示願率全國民衆以國師相待。奘師說：「多蒙王恩寵眷顧，玄奘銘感五內，但因有違初心，實難從命。」王說：「我曾與先王同遊貴國，從隋帝歷經東西二京等地，見過許多名僧，心都未生敬慕。惟自聽聞法師之名，就不自覺身心歡喜，手舞足蹈。滿心盼望有朝一日師能住錫于此，受弟子終身供養，令一國人皆爲師弟子。並望師設座講授，培養僧才，這裏僧衆數千，並可執經問道。伏願法師察納微心，勿以西遊爲念。」奘師委婉陳詞道：「王的厚愛，豈貧道寡德所敢當。但此行任務重大，不是爲求供養而來的。蓋因念本國佛法，義未周全，經教缺少。衆生心中所懷疑惑不解之處頗多，而請益莫由。以是不計一切，擬赴西方，渴望求得眞理，令微言奧旨，得以霑溉中國。此乃爲東土衆生慧命計！願王諒解。」王仍堅決的說：「弟子仰慕法師，一定要留下法師供養，山可轉而此意不可移，乞信愚誠勿疑。」奘師再拜懇辭說：「王殷誠之意，豈待屢言方知呢，但玄奘西來完全是爲了求法，法既未得，自不可中輟，所以不得不敬辭。且大王夙修勝福，故今生貴爲人主，非但蒼生所賴，也是釋教所依憑。理應助我發揚佛道于東土，豈反作法門障礙呢？」王接着說：「弟子亦不敢障礙，直以國無導師，故敢委屈法師，留住于此，以引導愚迷。」

但奘師志意已定，決不可挽回。王心中不悅，就面露慍色說：「弟子總有辦法留住法師，師又怎能擅自離去呢？今有二途可擇；一爲留此住下，一爲送師還國。請自三思」。奘師態度表現得很堅決：「玄奘所以來者，只爲求大法。今遭遇阻礙，卽使被王留，但識神終必不留！」王至此仍不死心，留奘師之意願並未因而稍減。從此供養更豐厚，每日進食，王親自捧盤進呈，恭敬倍前。但奘師並未因被阻而稍屈服，遂自誓絕食，以示抗議。乃終日端坐，水漿不入于口者三日；直到第四日，王覺奘師氣息漸微，有生命之虞。心中深生愧懼，只好屈服。乃頂禮謝罪，答應任師西行。師恐王心或有不實，乃令王指日發誓後，方允進食。

高昌王要求與奘師約爲兄弟，等師自天竺求法歸來，請住此國三年。若將來成佛，願如波斯匿王作外護檀越（施主）。並請師留住一月，講仁王般若經，師一一應允。在講仁王經圓滿之日，王爲師準備行裝，因此去多寒，備置法服三十具，又造防禦風紗的面具、手套、衣服、靴襪等。並贈黃金一百兩，銀錢三萬，綾絹五百疋等一應俱全，供法師往返二十年所用之資。另備馬三十匹，伕力二十五人。並派特使送師直達葉護可汗處，又寫二十四封書信，分送屈支等二十四國，每一封書，附大綾一疋，綾絹五百，果味兩車。信中拜託他們沿途代爲照顧保護奘師，如同援待自己一般。

奘師見王如此厚賜，感激不已，遂上書致謝。國王見書，答道：「法師既許爲兄弟，則國家所有資財，與師共之，又何必稱謝呢？」在奘師出發之日，王與諸大臣百姓等，傾都歡送出城。王抱法師慟哭，僧俗臣民盡皆悲傷，哭泣之聲振動城郊。王命妃子及百姓等先回。自己親與大德乘馬送數十里，才依依不捨道別而回。其後，所經諸國王侯，禮遇奘師，均很周到，這是高昌王之書信預爲先容之故。

九、崚山冰雪，積年不化

奘師從此往西行，就到阿耆尼國（新疆焉友）、屈支國（新疆庫車）、跋祿迦國。

停一宿，又向西北行三百里，更渡一沙漠，便到峻山。這裏是葱嶺之北隅，其山勢險峭，高聳入天。自天地開闢以來冰雪積聚而爲「凌」，春夏猶不解凍。其上與雲相接，仰望一片白雪皚皚無法看到邊際。其山峰摧崩陷落，橫于路側，或高百尺，或廣數丈。由是山徑崎嶇，攀登其上備感艱阻。加上風雪紛飛，雖然穿着厚履重裘，仍不免渾身發抖。就是困倦欲眠或煮飯，也無乾燥處可資利用。只有空懸鍋釜而炊，晚上舖席在冰上就寢。如此經過七天，方始出山。隨行的徒侶力伕，被餓凍死的十有三四。牛馬死傷的情況，就更嚴重了。

奘師一行出山以後，就至一池，名熱海，因它接近峻山而竟不凍結，故得此名。周圍千四五百里，東西長南北狹，望之淼然（音ㄇㄧㄠ，水大叫淼然。）不待風起，而洪波數丈。師循海西北行走五百餘里，至素葉城，遇見突厥葉護可汗（君主）。可汗設宴招待。奘師送上高昌王的書信，可汗知師是赴印度求經的，於是想勸師打消西去之念頭。他說：「印特伽國（印度）地方，氣候很熱，觀師容貌體質，那經得起炎熱天候的煎熬。況且彼地之人既黑且陋又無威儀，實不足一觀。」法師答說：「我不辭千里而來一爲追尋聖蹟，一是仰慕佛法，不論遇上任何磨難，都甘心任受」。可汗無奈，乃派軍中通解漢語的摩咄達隨行。並修一國書，令摩咄達送法師到迦畢試國。又贈紅色綾綢法服一襲，絹五十匹，與羣臣送了十餘里。

奘師啓程，又繼續向西前行千餘里，經過筊赤建國、赭時國、寧堵利瑟那等國。邁過一片沙漠，滿目不見人草，望著人獸遺骨而進，五百里後始抵康國，在康國感化事火外道，使之棄邪歸正。師誘導朦俗，往往如此。師等又向西行，經過屈霜尼加、東安、中安、西安等國，這樣又走了將近千里，就到了覩貨羅國，在那裏折服曾留學印度，被葱嶺以西推崇爲法匠的——達摩僧迦。此僧原本氣燄頗高，自稱凡是經論無不悉解。奘師與他對語，知道他不解大乘，只知小乘。師就僅以小乘教婆沙論，與他辯論，就使他折服。因師態度溫和，務以德勝，使對方自感慚愧。從此相見歡喜，處處譽讚，坦承不如奘師。師又到有小王舍城之稱的縛喝國，在那裏瞻禮迦藍名利（佛寺名迦藍）佛牙等勝迹。在納縛伽藍內，遇見一位般若羯羅法師，此師聰慧好學，對小乘教義無不通達。二人歡談之下，非常投契。奘師提出一些俱舍婆沙的問題，他都能酬答如流。奘師就停駐那裏一個多月，研讀毗婆沙論。從奘師的虛心與好學精神，就足可知他所以成大器的原因了。

十、遊歷各國，觀禮聖跡

奘師自離縛喝國後，開始向南行。東南進入大雪山，走了六百多里。經過覩貨羅境，又入梵衍那國，該國東西二千餘里，在雪山當中，沿途的艱難危險，更倍於前所經過的凌磧山，凝雲飛雪，從不暫霽（開朗），降雪厲害的地方，則積雪數丈。眞可說是「層冰峩峩(高峻貌)，飛雪千里」了。若不是爲了求無上正法，奘師怎會不愛惜父母遺體，而甘心冒險遠遊呢？以前王遵登越九折（形容曲折）之坂，尚且自稱是漢室忠臣，而法師現在攀涉雪嶺求經，更可說是如來眞子了。

如是又到梵衍都城，有伽藍十餘所僧人數千人。梵衍王親自出巡，禮請法師到宮中接受供養一連數日。那裏遇見名僧阿梨耶馱婆、阿梨斯那二人，他們一見奘師的法相都深感驚歎，沒想到支那遠國居然有如此莊嚴的僧相。於是自願引導奘師去各處瞻禮參觀，殷勤之情，令人感動。其地古跡有釋迦百尺立像，佛人涅槃臥像，長一千尺等，並皆莊嚴微妙。

奘師走了十五天，出了梵衍國，遇上大雪迷失道路，後來幸好遇到獵人指路，才找到出路。後經釋迦畢試國，濫波國，到那揭羅國，就在那裏禮拜佛之頂骨與古物。骨長一尺二寸，髮孔分明，其色黃白，盛在一寶匣中，如果想知個人吉凶罪福等相，可以磨香末爲泥，以布帛纏裹，放在骨旁，隨人所想，以定吉凶。奘師試後，得菩提樹像，隨從二沙彌（男子初出家受十戒者稱之），大沙彌得佛像，小沙彌得蓮花像。那守骨的婆羅門，歡喜地向法師彈指散花，並說：「師所得甚爲希有。」

奘師又聽說燈光城西南二十餘里，有瞿波龍王所住的洞窟，如來以前就在這裏降伏此龍，因此留影在窟中。奘師想前往瞻仰禮拜。但因其路途上荒凉險阻，近來又多盜賊。二三年已來，沒人敢去。迦畢試國所派的使者也不願前往，反力勸法師勿去。但奘師以爲如來眞身之影，億刧難逢，豈有當面錯過之理。於是決定一人獨往。途中經過一座寺院問路，想找一個人來引路，竟找不到。後來好不容易找到一小孩願往，但只肯送到石窟附近。師至石窟附近，又遇一老者，經其指示因得知去石窟的路，兩人就一同出發，但行不到數里，果然遇到五個強盜，拔刀擋路。奘師就脫去帽子，表示他是出家僧人。賊問他：「難道你沒聽過這邊有賊嗎？」奘師從容答道：「賊也是人呀！只要能去瞻禮佛影，雖猛獸滿街，尚且不怕，何況是人呢！」賊人深爲奘師的誠心所感動，於是當卽放下屠刀，發心隨師前往禮拜。一行七人一同來到石窟，窟在石澗東壁，窟門向西開，向內窺視只是一片黑暗，一無所覩。老人告訴奘師一直進去，觸到東壁後，再向後退五十步，然後向東而觀，佛影卽印在其處。法師一人進洞依照老人指示而行，至誠禮拜百餘拜，但一無所見，於是自責障重，悲號懊惱。更加至誠懇切禮誦勝鬘等經，諸佛偈頌，隨讚隨禮，又百餘拜。突見東壁現出如鉢大小的圓光，正歡喜之際，忽而又滅，由是更加禮拜，復有如槃大小的圓光，靈光偶現倏又滅去。師因自誓，今天如不見到世尊之影像，決定不離此地一步。如是又二百餘拜，終見全窟大放光明，如來金碧輝煌的影像，皎然在壁；就如撥開雲霧，忽覩青天。妙相光耀，神采奕奕，瞻仰之際，令人歡躍無可比擬。佛身及袈裟並是赤黃色，自膝以上，相好光明。左右及背後，菩薩聖僧影像，也一一顯現。師令門外六人一同進來禮拜。他們擁火而入，佛影忽然消逝，急令滅火更加禮請，於是光明重現。六人中五人得見，一人障重竟無所睹。在禮讚並供養香花完畢，光明乃滅。出窟以後，那老者歡喜讚歎，得未曾有。並說：「若非法師心懷至誠，願力宏深，決不能見如是境界」。那五位賊人，因此都銷毀刀杖，虔受五戒而別。

奘師又與同伴向東南山走了五百餘里，就來到健陀邏國，此是北印度的國家。

都城叫布路沙布羅國，自古多出聖賢，若無著、世親二菩薩，如意、脇尊者等，都出生于此地。此地聖跡頗多，在王城東南，有棵菩提樹，過去四佛，均坐此樹下成佛，現在塑有四如來像，將來將有九百九十六佛也當坐在此樹下成佛。雖經劫壞，此跡恒久存在。奘師深生懷疑的問道：「此世界不知已經幾度成、住、壞、空，在壞刧中，火災起時，須彌山尚且化爲灰燼，何能獨容此迹永存呢？」有老僧答道：「世界壞時，此跡亦隨之而壞；世界成時，此跡亦隨之再現」。

後來又到了烏鐸迦漢荼城，出城北行六百多里，來到烏仗那國，其國夢揭釐城東西五百里處，有一個大塔，據說是佛在過去世作忍辱仙人時，爲歌利王割截身體處。城南四百餘里是醯羅山，這是如來在往昔世中，爲求半偈以報藥叉之恩，捨身投崖處。這個故事是說釋迦如來在往昔身中，入雪山修菩薩行，聽到一藥叉羅刹，給他念了半偈：「諸行無常，是生滅法」。尚餘半偈不肯說，釋迦聽了前半偈，心中歡喜異常，便願捨身相求。於是羅刹爲他再說下半偈：「生滅滅已，寂滅爲樂」。釋迦聽畢，果投崖以殉。奘師到此，想到當年釋迦僅爲半偈竟能捨身爲法的精神，更鼓舞他自己爲了求法，而不計一切犧牲的意願。奘師又經夢揭釐城，城東北三十餘里，有一石塔高三十尺。據說昔日佛曾在此爲人天說法，佛去後，自然湧生此塔。

城東北有山谷，他們攀緣繩索經過十餘里，至達麗羅川，卽是烏伏那的舊部。其川中有一大伽藍（佛寺），旁邊有一座木刻的慈氏菩薩像，金色莊嚴，高百餘尺，傳說是一阿羅漢所造。他以神通力把匠人昇至兜率天，親觀妙相，往返三次始竟全功。

奘師自烏鐸迦漢茶城南渡信渡河，河廣三四里，川流很急，其中多有毒龍惡獸之窟，奘師一行渡過此河，乃到北印度境的呾叉始羅國。其城北十二里有塔係無憂王所建，常放神光，是如來以前行菩薩道爲大國王，立志求菩提（正覺）而捨去千頭的處所。這一帶佛教遺迹很多，有以前摩訶薩埵王子捨身飼餓鳥的地方，其地爲王子身血所染，現在草木土地仍是一片赤色，由此又東南行千餘里，才來到迦濕彌羅國。

迦濕彌羅國，其都城西臨大河，伽藍有上百所，僧人五千多人。有四座大塔，崇高壯麗，也是無憂王所建。各有如來舍利升餘。奘師剛要步入其境，該國卽派車馬來迎。師因遍歷諸寺一一禮拜。後至一寺住宿，寺名護瑟迦羅。這天半夜，寺內衆僧都夢見神人示現告語：「有個客僧從大乘國來，欲學經於印度，觀禮聖跡。其人乃爲法而來，有無量善神隨護。現駐本寺，師等宿福深植，你們正該各各精勤倍常，令他讚歎，爲何反懈怠昏沈貪睡呢？」諸僧聽了這段話，各各從夢中驚醒，經行禪誦，一直到天明，並向師說其因緣，對他更加敬禮。

翌日啓程繼續前行，過了幾天，漸進王城。王親率羣臣及都內高僧，前來相迎。侍從有千餘人，沿途幢蓋，煙花滿路，熱鬧非常。奘師抵達王城，迎賓的禮讚，非常隆重。王親自用手將無量數花散地供養，這在印度是最優厚的禮俗。並請師乘坐大象，王在後相隨而進至王都。第二日，請師入宮接受供養，並命大德僧數十人陪侍，食訖，王請開講，並令在座僧衆論難，王在一旁觀聽後，非常歡喜。王又因奘師遠來慕學求法。就派令文書二十人，專爲師抄寫中國所缺經論，另又給五人供師使喚，隨侍左右。

彼國有一僧稱法師，德行俱高，戒律精嚴，思理淹貫，多聞總持（持善不失，持惡不令起曰總持；又總一切法，持一切義亦曰總持），才睿神茂，而平素愛賢重士。奘師對他傾心請益問難，晝夜不覺疲困，奘師求知慾強，向道心切，因請講授諸論。這時僧稱法師已年高七十，氣力已衰，但見奘師爲法門神器，深慶難逢。乃奮志勉勵爲他開講。每日上午講俱舍論、下午講順正理論，晚上講因明、聲明論、大毘婆沙論。由是境內學人，借此殊勝因緣，無不悉集一處聽講。奘師隨其所說，領悟無遺。僧稱法師歡喜讚歎的說：「這位中國僧人，智力宏贍，座中大衆，無人能與他相比。以他的智慧德行，足以遠繼世親、無著兄弟（印度傳唯識學說的二位祖師）。所惜遠居中國，未能及早親近此方聖賢的遺芳。」當時大衆中有大乘學僧毘戍陀僧訶（譯爲淨獅子）、辰那飯荼（最勝親）、蘇伽密多羅（如來友）、婆蘇密多羅（世友）等，道業堅貞，才解過人，都是久來此處求學的。聽到僧稱如此褒揚玄奘，心中都不服氣，紛紛向奘師詰難。而奘師應答流利，毫無滯碍。他們本是有學養的人，一見奘師如此明利，也就自感慚服了。迦濕羅國之地，在佛入滅後第四百年，那時是健陀羅國迦膩色迦王朝，因脇尊者請內通三藏（經、律、論），外達五明①的賢聖衆，連尊者本身在內，正好五百人。就在此地結集三藏，先後共造三十萬頌九十六萬言。王以赤銅爲鍱（音ㄧㄝ，鐵葉），刻鏤文字，用石函封記，並建塔寺而儲在其中，使經典奧義永不墜失。奘師在此停留二年，學諸經論，並到處瞻拜聖迹，然後才離開此地。

十一、隨處參學，親近大德

奘師離開迦濕彌羅國，向西南行，逾山涉水，至半奴磋國，又東南行至礫迦國，在那裏向一位七百歲的耆年婆門處學百論、及廣百論後。其人是龍猛菩薩（即龍樹，係印度空宗祖師）的親炙（親受師承）弟子，說解簡明深受教益。師從此東行至那僕底國，有突舍薩那寺大德毘膩多鉢臘婆，其人是北印度王子，捨俗出家，風儀氣度出衆，精於三藏，曾自造五蘊論釋、唯識三十論釋。奘師因住彼十四月學對法論、顯宗論、理門論等。師又向東南行五十餘里，至答秣蘇伐那僧寺，學說一切有部。又到那伽羅馱那寺，親近大德旃達羅伐摩，學衆事分毘婆沙。又至中印度祿勒那國，親近闍耶毱多善閑，受經部毘婆沙。奘師時年三十歲。

十二、菩提樹下，悲感難抑

奘師經羯若鞠闍國至阿踰陀國，這裏有寺百餘所，僧徒數千人，大小乘兼學。大城中有舊寺院，是世親於此作大小乘論及爲衆講法處。奘師此後又順恒河而下，遇盜㓜船，奘師憑其靜定與誠敬，終於降伏羣賊化險爲夷。如是繼續前行，先後瞻禮的聖跡很多，如：⑴佛當時說法所在的；給孤獨園（在室羅伐悉底國）。⑵佛陀降生地及遊四門見生老病死之處（迦毘羅衞城）。⑶佛陀入涅槃的婆羅雙樹（拘尸羅國）。⑷佛陀初轉法輪（說法），度五比丘的地方（波羅奈斯國）。⑸維摩大士（菩薩稱號）現身說法的一丈見方石室（毗舍離國），最後來到。⑹佛陀在其下成就無上正等正覺的菩提樹（摩揭陀國）。此樹枝葉青潤，終年不凋，唯至如來涅槃日，其葉頓落，經過一天，又完全復原。奘師來到菩提樹下，至誠瞻仰，五體投地，悲哀懊惱，不覺感傷歎息，自忖佛成道時，不知自己漂淪何趣（趣：卽六趣，亦卽六道——人、天、阿修羅、畜生、餓鬼、地獄）？現在到了像法時期方能到此。念及業障②深重若此，就不覺悲淚盈眶。當時衆僧見狀。也無不悲感嗚咽。

十三、文殊勸慰，靜待來者

奘師終於到了印度最負盛名的——那爛陀寺。此地是當時印度佛教最高學府，其中師資都是當時一流高僧。它是奘師西行求法，問道學經的目的地。那爛陀寺衆，知師將至，特別差遣四位大德來相迎，奘師隨他們走了七由旬（由旬——天竺里數，大者八十里，中者六十里，下者四十里），先到寺莊，這裏就是月蓮尊者出生的村莊。師到莊進食不久，卽見有二百餘僧衆，及千餘居士，一直送師到那爛陀寺。奘師到寺後，寺中全體大衆都集中大殿，奘師與他們行相見禮後，知客僧人早在上座首位，特別另置牀位，請師就座。衆僧也先後就座。然後由維那（寺中管理衆僧事務者）擊犍椎（犍ㄐㄧㄢ，佛寺之鐘磬），昂聲高唱法師住寺。

在那爛陀寺，年高德劭，爲衆所共尊者，就是戒賢大師。大衆不敢直呼其名，但尊稱他爲正法藏。奘師久慕其德學，如赤子之望慈母，於是隨衆入謁。因奘師是特來參學的，故以拜師之禮相見，印度拜師之儀式，非常隆重，必須膝行肘步，捼足頂禮，問訊讚歎。奘師依禮瞻拜畢，賢師令人廣設床座，命奘師及衆僧並皆入座。隨卽詢問奘師所從來？師答稱：「特從支那來，欲依隨賢師學瑜伽論。」不意賢師聽聞其語，竟突然感傷涕泣起來，卽從座中喚起弟子佛陀跋陀羅（覺賢）——此人卽法藏之侄，年七十多歲，博通經論，善於言談。賢師說：「你可對衆宣說，我三年前患腦病的因緣。」覺賢師聽後，也不覺涕泣抆淚說出下面一段稀有因緣：「和尙（老師）以前曾患有一種風病，每次發作時，手足就像火燒刀刺一般痛苦難堪。這樣時發時停，差不多纏綿了二十年，在三年前，痛苦尤其厲害，不覺厭惡此身，竟想絕食自盡。某天晚上夢見三位天人，一爲黃金色、二爲瑠璃色、三爲白銀色，形貌威儀端麗無比。他們詢問吾師：『你想捨棄此身嗎？佛經上說身是諸苦所集，並沒說要厭離捨棄此身。你因在過去世中曾作國王，常常惱害衆生，故招此報。今生應多觀察反省宿愆，至誠懺悔，隨緣以消舊業，對於苦要能安忍，並要勤加誦讀宣講諸經論，久之自可銷滅。若只知厭身，苦終不能盡。』吾師聽後，對他們至誠禮拜。其金色人指碧色人對吾師說：『你可認得？這位便是觀世音菩薩。』又指銀色人說：『這是彌勒菩薩。』吾師立即請敎彌勒菩薩說：『戒賢常願將來得生彌勒內院（在六欲天的兜率天），不知得生否？』彌勒菩薩告訴他說：『只要你能廣傳正法，以後必當得生。』金色人又自言，我是文殊菩薩，我們此番所以現身，只因見你徒然捨身，不知利益衆生。所以來勸你，當依從我語，努力顯揚正法瑜伽論等，普遍廣被未曾聞法衆生，你身自可漸漸安穩，不必多慮。三年後，有一位支那（中國）僧人，樂通大法，會自遠道前來求法，你必須等到他來，屆時始可傾囊相授。』賢師聽後，卽禮拜答道：『敬依尊敎！』三人說完後旋卽不見，從此吾師所患病苦就不藥而癒了。」吾輩凡夫往往只知厭苦此身，以求解脫，而不知諸苦之來，全係宿業所致，唯於苦中逆境，刻勵精勤，反以苦爲師，才是正本清源之道。否則徒然捨本逐末，前業未了，新業又生，此業將終無了時矣。所謂「隨緣消舊業，愼莫造新殃」正是此意。衆僧聽了這一段因緣以後，莫不稱歎希有。奘師親聞這段殊勝因緣，更是悲喜不能自勝。便頂禮答拜說：「若如所說，玄奘自當倍加盡力聽聞研習，願尊者慈悲攝受教誨」。戒賢師又問奘師在路途上經過幾年，奘師答說三年。與夢正相符合。

那爛陀寺，譯成華文爲施無厭寺。故老相傳此寺之南菴沒羅中有一池塘，池中有龍名叫那爛陀。旁建伽藍，故以爲號。又說是如來以前行菩薩道時，爲大國王建都此地。因憐愍孤窮的人，常行惠施，百姓感念他的恩德，故號其處爲施無厭地。寺址本是菴沒羅長者的園地，由五百商人以十億金錢買來供佛。佛曾在此處說法，商人中多有當下證果的。佛涅槃（譯爲圓寂，意謂功德圓滿而入寂。又譯爲入滅，意謂惑業煩惱盡滅而解脫）後，此國先王鑠迦羅阿迭多，因敬慕佛故，造此伽藍。以後六帝相承，各加營造，又用磚壘疊其外，合爲一寺。都建一門，庭序別開，其中共分八院，其間寶臺星列，瓊樓玉宇，如山聳岳峙，其煙靄中，殿飛霞上，雲生戶牖中。僧室皆有四重重閣，雕欀畫棟美不勝收。在印度的伽藍，以千萬計，而那爛陀寺之雄偉壯麗，則堪稱首屈一指。寺內住錫主客僧徒，常有萬人，並學大乘十八部。乃至一般俗典吠陀（古印度哲學）等書，因明、聲明、醫方術數，亦俱研習。凡解經論二十部約有一千多人，三十部約有五百人，五十部的連奘師祇有十人。唯有戒賢大師一切窮覽，德美年耆，爲衆宗匠。寺內講座，每日均有百餘所，學僧修習，不敢稍棄寸陰。由於德衆聚集，寺規自然嚴肅，建立以來七百餘年，沒有一人犯譏毀之過的。就是國王也爲之欽重不已！施捨百餘城邑，充其供養。每邑二百戶日進秔米酥乳數百石。由是學人不必托鉢求供，而日常四事（衣服、飲食、臥具、湯藥）具足，使求法者賴此供養，而一心問學，成就無上道業。

自此奘師卽在那爛陀寺安住下來，先後到王舍城、靈鷲山、雁塔等處觀禮，並往大迦葉結集三藏經典的石窟參觀。然後還歸那爛陀寺，禮請戒賢大師開講瑜伽論，而在法席中同聽的人有數千人之多。戒賢師開題不久，有一婆羅門，忽然走上座前，悲號痛哭，不一會又復言笑，賢師問他何故忽哭忽笑。他答道：「我是東印度人，曾在觀音菩薩前發願爲王。菩薩現身訶責我說：『你不要這樣發願，將來某年月日，那爛陀寺戒賢法師，要爲支那僧講瑜伽論，你可前往聽講。借此聞法因緣，將得見佛，何必想當王呢？』現在我終於見到支那僧來，師果然又爲他講述此論，與以前所言無不相合。所以悲喜交集。」戒賢法師聽後，便令他住寺聽經，十五個月講竟，奘師在寺聽講瑜伽三遍、順正理一遍、顯揚、對法各一遍。因明、聲明、集量等論各二遍。中、百二論各三遍。其他如俱舍、婆娑、六足、阿毘曇等諸論，因曾在迦濕彌羅諸國聽過，在現在僅須複習，提出疑難之處以待決疑而已。

奘師在寺中，除了聽論以外，還兼學婆羅門書，印度梵書。梵書的來源，據說是從無始來就有，已不知作者。從每次一㔾之初，大梵天王先說，傳授給天人，因是梵王所說，故名梵書。內容極豐富，有百萬偈（音ㄐㄧ，義釋爲頌，有三言、四言或多言，近似中國的詩）帝釋天又略爲十萬頌，其後北印度健馱羅國有婆羅門又略爲八千頌。這就是現在印度流行的梵書。後南印度婆羅門又略爲二千五百頌，在印度博學的人，無不誦習。其字音語法複雜難學，奘師用心學習，不久即能洞達其詞。如是在那爛陀寺鑽研諸部及學梵書，前後共歷五年。

此後奘師又輾轉行走中印度、南印度、西印度，以至北印度境。隨所到處瞻禮聖跡。師在北印度境的至鉢伐多國，城側有大伽藍，寺中僧人皆學大乘，是過去愼那弗恒羅論師在此製瑜伽師地釋論，亦是賢愛、德光兩論師出家的處所。又此國有二三大德，都是學養俱優可資親近的，奘師聞知如此，就在那停駐二年。學正量部、阿毗達摩及攝正法論、成實論等。

奘師二年後又回到摩揭陀國施無厭寺參禮正法藏，聽說寺西有出家大德般若跋陀羅，擅長於三藏及聲明、因明等。奘師就停駐二月，諮問所惑，必無復疑滯而後止。從此復往杖林山居士勝軍論師處，此論師自幼好學，先在賢愛居士處學因明，又從安慧菩薩學聲明、大小乘論。再跟從戒賢法師學瑜伽論。乃至外典羣言四吠陀典（吠陀一作韋陀，義譯爲智。乃印度最早之宗敎哲學典籍）、天文地理、醫方術數，無不究其根源，窮其枝葉。勝軍論師學問貫通內外（內指內典卽佛經，外指佛經以外之一切典籍），其德學俱爲當時所尊。摩揭陀王非常欽重賢士，聞其德風而慕悅，便遣使邀請，想立他爲國師，但論師不願接受。國王崩後，戒日王又請爲國師，並封烏茶國八十八大邑，論師亦辭不受。王雖再三固請，他仍堅辭。並對王說：「勝軍聽說接受別人的食祿，就當爲別人擔憂他的事。現在救度眾生生死縈纏之急尚覺不及，豈有閒暇負荷國師這般繁重的事務呢？』說完長揖（拱手自上而至極下）而出，王不能留。自是每依杖林山，養徒敎授，常講佛學，道俗歸宗者，常過數百。奘師就學，前後二年，學唯識抉擇論、意義理論、成無畏論、不住涅槃、十二因緣論、莊嚴經論及問瑜伽、因明等疑難。

某夜奘師夢見那爛陀寺，房院荒穢，並繫水牛，已無僧侶。師從幼日王院西門入，看見第四重閣上有一金人，色貌端嚴光明滿室，內心歡喜，意欲登閣却不能，乃請垂手引接。那金人說我是文殊菩薩，因你業緣未了未可來也。乃指寺外說：

「你看！」師循指望去，只見寺外火焚村邑，都成灰燼。那金人說：「你可早日歸國，此處十年後戒日王當崩，印度荒亂，惡人相害，你宜知道。」言罷不見。師夢醒後，心中慨歎不已，乃告訴勝軍知道，勝軍說：「三界本無安宅，既有此預兆，仁者當自圖之。」其後，至高宗永徽末年，戒日王果然崩殂，印度鬧大飢荒，並如所夢。

十四、破除謬論，作會通論

當時戒賢論師請奘師為衆開講攝大乘論、唯識抉擇論。在這以前，師子光大德已為四衆講中論、百論。述此二論的宗旨，就專在破斥瑜伽之義。奘師既熟習中論、百論二論，又精通瑜伽的道理。他認為聖人立敎，各隨一意，只不過是所重的方面互有不同，本不相違背。若不能會通其意，便說它們的道理互相矛盾。這種過失，應在傳法的人以訛傳訛，不是佛法本身的過錯。奘師一方面固然悲愍師子光的器局狹小，但為了法，也不謙讓的數次前往詰問，師子光都不能回答。由是他的門徒就漸漸散去，而反來投歸奘師。奘師又闡述中、百論的宗旨，唯在破斥遍計所執性③，而說依他起性及圓成實性。師子光不能善悟此理，所以稱一切無所得。並說瑜伽所立圓成實性，也都要遣除，不可執著。奘師爲了和會瑜伽（印度之法相宗，所談者是現象界的諸法有相——屬妙有境界）、中論（印度之法性宗，所談者是本體界的諸法空性——屬眞空境界）這二宗，極言其不相違背。於是乃作會通論三千頌。論作成後，即送呈戒賢大師及大衆觀覽，見者無不稱善。並且公開宣布流傳，師子光慚赧（音ㄋㄢ，慚愧而面紅），就離此前往菩提寺。另外又找一位東印度同學名叫旃陀羅僧訶來與奘師論難，冀圖洗雪前耻。但此人雖前來，因忌憚法師的威名，而不敢發言，因此奘師聲譽，益發隆盛了。

十五、折服外道，雅量寬宏

這時有一個外道自遠地前來挑戰，他一共寫了四十條義理，懸張在寺門外。並大言道：「若有人能難破其中任一條，我就斬頭以謝。」這外道口氣大，自然也有相當的本事。張貼懸示數日，竟無人敢出來應戰。奘師聞知此事，即派房內淨人（侍者）前去揭破懸貼，擲於地上，用脚踐踏，表示摧毁其義理，不足復存。那外道婆羅門大怒，問道誰人竟敢如此？既得知是奘師，彼又素聞師名，正感慚耻，更不與論。奘師即召入，與之往復辯論，將婆羅門義理，逐條一一批駁，使無復能自張其軍。最後那外道啞口無言，祇有起立作謝道：「我承認輸了！請依照前約，任聽處置罷！」奘師說：「我們釋尊的弟子，從不害人，現在不殺你，只要你隨我爲奴，聽我教命就好了！」那外道自是歡喜敬從，其他的人，聽到以後，也都爲那外道稱慶，並暗暗佩服奘師的寬宏大量。他們二人，一個心肯服輸，一個氣量寬宏，其襟度都非常人所能及。

不久，奘師想到烏荼國一行，此行專爲破斥小乘學說，乃先尋得小乘所製破大乘義七百頌，法師尋省有數處疑問，乃問所伏外道，曾聽聞此義否？那外道說曾聽過五遍。奘師便要他講述。那外道以爲我今爲奴隸的身份，豈能爲尊者講法呢？師說：「這是他宗，自是我所未見，你但說無妨。」那外道爲顧念法師聲譽起見，就說：「既蒙法師不棄，就請在夜中講述，以免外人誤會，謂師從奴學法，有汚尊名。」於是夜裏，師屏去諸人，令他講述一遍，乃備得其中要旨。遂尋出其紕繆之處，並申張大乘義理痛加破斥，共著一千六百頌，名爲破惡見論。並呈戒賢法師及宣示徒衆，讀者無不嗟賞。大家以爲以此窮析義理的態度，何敵不能克呢？奘師就對那外道說：「仁者因辯論落敗而委身爲奴，這耻辱亦已足矣！現在放仁者歸，任君所往！」那外道歡喜辭出，逕往東印度迦摩縷波國向鳩摩羅王稱頌法師德義，王聽後甚爲悅慕，即派遣使者，前來請駕。

從這一段事迹，可以得到數點啓示：一、奘師以悲心度化小乘，頗能運用智慧。他深明知己知彼之道，在沒有洞悉對方內容之前，絕不魯莽從事，必先澈底研究清楚後，始著手行事。此爲其百戰不殆之道。二、奘師所學爲大乘義理，其道自高出小乘與外道許多，但他並不以此深閉固拒，反能虛心謙下從學於才辯均輸於己的外道。迹其心意，以爲凡有一藝之長者，無論外道小乘，莫不兼容並蓄。奘師在各地參訪研尋，無不以此態度處之。正是所謂「泰山不讓土壤，故能成其大；河海不擇細流，故能就其深」。惟奘師能具此雅量，故能成斯偉器，祖師之位豈小氣薄量之輩所能倖致呢？三、奘師與外道辯論，據理直爭，毫不容情，所謂眞理所在，雖師不讓，何況外道呢？其維護眞理之態度，固是難得。然而一旦對方屈服，也就不爲已甚，而以寬宏之度量以感動之。其德量之廣，更是不可及。是以辯論之道，在德不在口，服人在心不在氣。此其所以能令彼外道始終感恩不置之因也！

十六、菩薩興悲，願歸故土

歲月匆匆，奘師在天竺，先後經歷了十四個年頭。此時，因目的達成就動了東歸之念。於是卽作歸計，那爛陀寺諸大德聽到後，都來勸止。他們以爲印度是佛陀降生之地，大聖雖已入滅，但遺跡俱在，巡遊聖跡，足慰平生，來此不易，何可輕易言去呢？何況中國蔑視佛法，此所以諸佛不生於彼土呀！奘師認爲法王（佛）立教，本尙流通，己身旣霑法益豈可竟將彼未悟衆生反遺棄了呢！這完全有違其西來的原意！況且中國傳統文化，衣冠濟濟，一切法度已具，君聖臣忠，父慈子孝，貴仁貴義，尊老敬賢，智慧通達，直與神契。自佛法東被，早已信奉大乘，豈可說佛不降彼，遂予輕視呢！諸德旣見法師不從，乃同往戒賢師處陳述。戒師問奘師是否心意已定？奘師回答道：「弟子並非不愛此土，但玄奘來意，卽是爲求大法，廣利衆生。自到此已來，蒙師爲說瑜伽師地論，釋諸疑難，禮拜聖跡，及得聞諸部甚深之旨。私心慶慰不已，可謂不虛此行。願以所聞歸返中國，翻譯諸經，使有緣之人，俱得聞見，以仰報師恩。人壽有限，所以不能在此遷延歲月了。」戒賢法師聽後自是歡喜就說：「若非菩薩寧具此悲心，此正是我所期望於你的。」衆人見戒賢大師旣如此說，也就不再苦留了。

十七、曲女盛會，威振五印

正當奘師準備回國的時候，東印度鳩摩羅王遣使奉書與戒賢法師，說想見支那國大德。奘師本不欲往，但經鳩摩羅王堅請之下，只好辭別戒師等，隨使前往彼國。鳩摩羅王親率羣臣迎拜，延請入宮，每日奏音樂、奉飲食、並有香花等上好的供養，如是經過一個多月。戒日王聞說奘師竟往彼處，心中不免大怒，謂我先前一再恭請不來，現在何以卻先赴彼處呢？於是威脅鳩摩羅王即刻遣送師來。鳩王因懼怕戒日王的勢力，不敢不從，就暫將奘師送往戒日王處。其時正值夜晚一更許，戒日王慕師已久，不顧深夜，前往迎師，只見河中有數千火炬並一步一鼓，火光映徹，聲勢浩大，煞是好看。既至，王頂禮師足，散花瞻仰讚禮畢，心頭感到無限歡喜，因值夜深，與奘師親切晤談一會，王即告辭，臨行告以明晨即來迎師。

次日，奘師與鳩王同往戒日王宮，王與門師二十餘人出迎入坐。盛設各種珍膳（珍異的食物），並奏音樂，散鮮花，以爲供養。戒日王對師說：「聽說法師曾作制惡見論，願能拜讀？」奘師即呈遞與王，王取觀後，非常欣悅的說：「弟子聞日光既出，則螢光燭火之明俱皆被奪；天雷之聲震動，則鐵鎚斧鑿即便絕響。」王便對回首門師說：「師等上座提婆犀那自己稱說他的理解力冠於羣倫，學問則兼該衆哲，並且時常毀謗大乘。可是一聽說有遠方大德（指奘師）來，就即刻避往吠舍託名瞻觀聖迹，藉以逃避。所以我知道你們（指門師）並沒多大本事。」戒日王非常讚歎奘師的制惡見論，就對奘師說：「法師的大作價值非常，弟子與此間諸師，無不深生信服。但恐其他各國小乘外道，仍然篤守固陋，執迷不悟。故希望在曲女城爲師作一公開的辯論會。徧請五印度、沙門、婆羅門、外道等，都來集會。借此開示大乘微妙法門，杜絕他們毀謗之心。亦可因此顯示出法師盛德之高，摧伏彼等我慢之心。」

戒日王即於是日發出通告邀約諸方大德與會，便與奘師出發赴會，先期來到曲女城。這次集會可謂盛況空前，赴會的人員，在五印度中有十八國王到會，精通大小乘的僧人有三千參加，婆羅門及其他外道有二千人與會。那爛陀寺亦有千餘僧人到場。這些高賢都是極一時之選，他們無不博通經論，具足辯才，並想前來聆聞法音，所以皆來聚會。而且有的隨身帶來侍從，或駕象，或乘輿，或懸幢，或掛旛，各自圍繞簇擁而來，好像雲與霧涌，充塞數十里間，浩浩蕩蕩，盛況空前。戒日王先行整飭裝潢會所，營造二座臨時宮殿，擬安置佛像及徒衆。殿堂廣峻，各可容坐千餘人。戒日王行宮則建在距會場西邊五里之處。是日，將金鑄佛像一尊，安裝在一頭大象上，上懸寶帳。戒日王本人作帝釋形，手執白拂隨侍佛之右側；鳩摩羅王作梵王形，手執寶蓋隨侍佛之左側。二人都身著天冠華鬘，垂掛瓔珞珮玉。又以二大象裝戴寶華，追隨佛後，隨行隨散。並請奘師及門師等各乘大象，依次排列二王之後。另外再以三百頭大象，由諸國王大臣大德等乘坐。如是前後羅列，前擁後遮。從清晨自行宮出發，一路向會所行去。來到會場門口，戒日王命大衆下乘，首先捧佛像入殿，置於寶座上。然後命十八位國王入座，再請諸國高僧，博通經論者千餘人入座。次請婆羅門外道有名行者五百人入座。又請諸國大臣二百餘人入座。此外道俗都在院門外安置。俟內外坐定，王使人施食供養畢。特別設置寶座，請奘師登座爲此會論主。奘師稱揚大乘，說明作論之意。並請那爛陀寺沙門明賢法師宣讀全論內容，令大衆聞知。並另行鈔寫一分（本），懸示會場門外，普令大眾無不俱知。並宣告於眾，其中若有一字無理，但憑指摘，若能難倒，或摧破其立論，就請立斬己首以相謝。如是自晨至晚，竟無人能發一言。戒日王歡喜讚歎，於是罷會還宮，諸王及諸僧各各退席，還歸止息之所。第二天，又再聚會，迎像送引如前。這樣經過五日，小乘外道見毀其宗派，心中結恨，陰圖謀害。戒日王得悉後，立卽宣示道：「邪道亂眞，其來已久，埋隱正教，誤惑衆生，不有上賢，何以鑒僞。支那法師，顯揚大法，汲引愚迷，妖妄之徒，不知慚悔，反起害心，謀爲不軌。此而可容，孰不可恕。如有任何人，傷觸法師者，立斬其首，毀謗辱罵者截其舌。但爲申辯義理，攻難駁正者不在此限。」自是邪妄之徒銷聲匿跡。如是經十八日，仍無一人發論。將散會的前夕，奘師更稱揚大乘，讚歎佛之無量功德，令無數人當下返邪入正，棄小歸大。戒日王益發增其崇重之心，供養奘師金錢一萬，銀錢三萬等，十八國王亦各施珍寶。奘師却一切不受。戒日王又命侍臣莊嚴一頭大象，施一寶幢，請師乘坐；並有貴臣陪侍巡衆，同時一面唱言於衆，表示大義得立無人可屈，這是印度禮俗凡立論得勝的表示。奘師謙讓不行，戒日王說：「自古印度習俗如此，事不可違」。於是就將法師袈裟遍倡於衆說：「中國法師，立大乘義，破諸異見，經十八日，無人敢加以論難，宜讓大衆各各悉知。」大衆歡喜，競相爲法師立義名，大乘衆叫做「摩訶耶那提婆」，譯爲「大乘天」。小乘衆立名「木叉提婆」，譯爲「解脫天」。大衆乃燒香散華，禮敬而去。自是奘師的盛德美名，就愈益高揚了。

十八、殷勤相送，臨別依依

其後，奘師又參觀無遮大會後（印度國俗，無遮是寬容無所遮蓋之意，不論聖凡道俗貴賤，概可參加，平等行財、法二施的大法會），卽向戒日王辭行欲歸，王聽後就說：「弟子正要與師共同提倡宏揚佛法，何必這樣急著歸國呢？」於是又留了法師十幾日。鳩摩羅王一聽法師要走，也慇懃致意說：「如果法師能住弟子處受供養的話，當爲師造一百座寺。」奘師知二人意誠，因彼等不瞭解自己西行求法之目的與重責，又恐遭高昌王強留之事重演，因此必須先加表明。乃說道：「中國離此遼遠，聞法較晚，雖能霑被佛法，但祇得梗概而不能具足完備。故此番西行專爲求法而來。本國諸賢思法若渴，心志誠篤，所以此心此志不敢須臾忘懷。何況經上說，障礙他人佈法者，世世得無眼報。若果留住玄奘，則令彼處無量仰慕佛法行者，失去聞法的因緣。難道對無眼之報，眞不感到懼怕嗎？」戒日王知奘師歸意堅決，無法留住。乃說：「弟子因仰慕法師的盛德，願能時常瞻仰供奉。旣然法師有言在先，爲免有損於彼方衆生法益，我等也不便相強。但不知法師擬從何道而歸，如取道南海，當派使者相送。」奘師一面感王盛意，一面說：「玄奘從中國來時，經過高昌國，彼王慇懃致意，約好返程必須過訪一見。不能違約，故須由北路返國。」於是戒日王卽命人準備資糧，並施給金錢等物。鳩摩羅王也施給衆珍寶物，奘師並皆不納，只受鳩王一條粗毛披肩，以便途中防雨之用。於是奘師告別大衆，王及諸衆均設餞送行至數十里始歸。臨別分手之際，大衆都嗚噎各不能自已。奘師將經像等附在北印度王烏地多軍鞍乘上隨著帶回，戒日王更附送烏地王大象一頭，金錢三千，銀錢一萬，供給法師作旅行費用。別後三日，戒日王又與鳩王等各率輕騎數百，再度銜尾追來送別。慇懃之情，感人至深。並且又派遣達官四人，凡師所經諸國，先以王書關照，令發乘遞，一直送達漢境。

奘師一行自鉢羅耶伽國出發，一路上屢經波折，其中所歷艱辛，並不減於西來之時，最後終於抵達于闐國境。其中如渡信渡大河時，河廣五六里，奘師隨行携帶回國的經像及同伴都乘船而渡，奘師則乘象涉渡。船行至中流的時候，忽然狂風波濤大起，船身搖蕩，幾乎覆沒，損失了五十夾經本。後來爲抄寫失落的經卷，因而躭擱了許多時日。在這回程萬里的長途跋涉中，其艱辛困苦，臨深履危，實備嘗之。然而奘師始終以百折不撓的精神，一一予以克服。其堅強毅力，在今千古以下思之，猶令人爲之欽服不已。

十九、修表上奏，奉詔返京

奘師在于闐國，寫了一道表章，託一個高昌人隨著商旅奉表送入京師。表中略將此番西行求法，歷覽周遊十七年，中經五萬餘里等情形，作一概略的報告。現已返抵于闐，不日即可回國。經過七八個月後，使者還報說，已蒙皇上親頒手敕，將派專使前來迎師，並說：「聞師不辭艱苦，訪道於萬里之異域，今得遂願歸來，朕心歡悅無比，可即速來與朕相見。朕已敕令沿途諸國，負責接待，人力鞍乘，供應不得有誤。並令燉煌官吏，前往流沙迎接。又令鄯鄯王於沮沫迎接。」奘師奉皇帝詔敕後，即告辭于闐王向東進發，于闐王供應一路所需，自不在話下。

在這一段歸程中，又經過流沙地，一路上沒有水草，又多熱毒鬼魅之患，此外別無徑路，行人往返，只有望著人畜遺骸，以爲標幟，旅途之危難，舉步維艱之情形，不減來時。這樣不知又走了多少路，才到達沙洲（甘肅安西），在這裏奘師又修一表上奏，這時皇帝在洛陽宮，見到此表知道奘師已漸近，乃命西京留守左僕射（宰相）梁國公房玄齡派遣官員迎接。奘師兼程倍道而進，很快就到漕上，而接待官員們不知道迎接法師的儀式，一時還來不及安排。然而聞訊奔集前來觀禮的人，却擁途塞道。奘師欲進不得，因此就暫宿於漕上了。

二十、大法東傳，天示吉兆

唐貞觀十九年春正月，京城留守梁國公房玄齡等，預備迎接奘師及其經像，就率同右武侯大將軍，雍州司馬長安縣令前往奉迎，自漕上一直迎接駐錫於朱雀街的都亭驛內。當時奘師隨從如雲，官吏事先特別頒給諸封寶帳與花旛等，以莊嚴道場，並準備將奘師帶回的佛經佛像奉迎入弘福寺。是日，沿途百姓恭逢盛況，觀者如堵，都歡喜踴躍。第二天，大家又集會於朱雀街之南。奘師陳列自西域所帶回的天竺寶物及經典。譬如：如來舍利子（佛身火化後，所結成珠狀之物，光瑩堅固，椎擊不破，蓋依戒定慧重修而得者）一百五十粒。摩揭陀國前正覺山龍窟留影金佛像一尊，帶光座高三尺三寸。摩揭陀國鷲峰山說法華等經像金佛一尊，帶光座高三尺五寸等。又有奘師自西域所得大乘經二百二十四部，大乘論一百九十二部，上座部經律論，大衆部經律論及三彌底部經律論各一十五部。彌沙塞部經律論二十二部,法密部經律論四十二部,說一切有部經律論六十七部,及其經律論,總共五百二十筴六百五十七部。分別以二十七匹馬負載而來。而先前諸寺受官員所頒寶帳幢旛供養之具,都集中在朱雀橋,準備一起來迎接這些經像到弘福寺內。於是人人競相莊嚴以資供養,僧尼整服隨後,悠揚典雅的梵音居前爲導,香爐繚繞排列於後。一路上經像馱載馬上,並有寶帳幢幡圍繞,珠珮流音金華(花)散彩,護送的大衆,莫不歌詠高唱讚頌而前。從朱雀橋,一直到弘福寺門數十里之間,都人士子內外官僚都列道兩傍瞻仰而立,百姓填街塞巷,各在當處,燒香散華(花)而煙雲臭臭,讚頌價響,處處連合。那日衆人同見天空有五色綺麗絢爛的雲彩出現,宛轉於經像之上,紛紛郁郁周圍繚繞數里,若迎若送到寺前,眞是不可思議。這是大法東傳,天示祥瑞的吉兆呀!

二十一、謁帝洛陽,弘福譯經

奘師於壬辰日,進謁文武聖皇帝於洛陽宮,二月某日,見駕於儀鸞殿,太宗迎接慰勞非常殷勤,在寒暄賜坐後。太宗就說:「法師去時,何不事先相報?」奘師婉轉陳辭道:「當時曾再三表奏,但一直不蒙允准。由於慕道心切,乃作私行之計。專擅之罪，深感慚懼。」太宗本不過隨口問問而已。於是就安慰奘師道：「法師出家，自與俗人不同。況且能捨命求法，普惠蒼生，朕實深爲嘉許。」於是帝與師二人相談甚歡。帝垂詢印度風土人情甚詳，奘師親遊其地，耳聞目覽，記憶無遺，隨問酬對，皆有條理。太宗大悅，就對左右侍臣說：「從前苻堅稱讚釋道安爲神器，舉國上下尊爲國師。現在朕觀奘師言詞議論典雅，風節氣度貞峻，實無愧古人！」這時趙國公長孫無忌答道：「陛下所言甚是。臣素讀史傳，知道安法師，確係一難得的高僧。但彼時佛法東傳未久，雖鑽研佛法，不乏其人。但因經典不全，義理未周。奘師以法門龍象，親履佛法聖地，並得參訪明師，徧覽諸原典，先後歷二十年，其深入佛法之精微高明處，孰能與之比擬！」太宗爲之頷首稱許。帝因見奘師學識、才德，俱甚卓絕，堪任重寄，於是就勸師還俗以輔理國政。奘師婉言謝絕，自言從小就服膺佛道，如果捨法從俗，就好像捨乘流之舟，棄水而就陸，必無功效可言。祇願畢身行道，借此以報國家重恩。帝亦只好作罷。

法師不久又上奏言：「玄奘從西域請回梵本六百餘部，一言未譯。聽說嵩嶽之南，小室山之北，有少林寺，遠離塵俗，泉石清幽。乃是後魏孝文皇帝所造，即菩提流支三藏法師譯經處。玄奘希望能在彼處，爲國翻譯，伏聽敕旨。」帝聽後答道：「自法師赴西域後，朕奉穆太后懿旨，在西京建造弘福寺，寺中禪院，環境幽雅，最適宜於譯經工作，朕亦便就近請益也。一應所需，朕自當竭力贊助。」於是敕命房玄齡準備妥當，便宜行事。

二十二、法門精英，共襄譯事

三月一日，奘師自洛陽回到長安，就住在弘福寺。即著手準備翻譯工作。首先具疏上奏，請求委派從事翻譯的人員，如證義、綴文、筆受、書手等人員。這時帝已出征，（按：唐貞觀十九年太宗御駕親征高麗）由留守司空梁國公房玄齡派有司具狀發使往定州（河北直隸）啓奏聖上。帝即下旨准其所頒，供給務使周備。

夏六月，證義諸大德，都是通達熟習大小乘經論，爲時輩所推崇的有十二人，如弘福寺沙門靈潤及文備、羅漢寺沙門慧貴、實際寺沙門明琰、寶昌寺沙門法祥、靜法寺沙門普賢、法海寺沙門神昉等。又有綴文大德九人，如京師普光寺沙門栖玄、弘福寺沙門明璿、會昌寺沙門辯機、終南山豐德寺沙門道宣等。又有證梵文大德一人，即大興善寺沙門玄模。其餘筆受、書手（書寫）亦各不等，可謂集全國精英於一堂，共襄盛舉。

譯經的程序如下：由「譯主」宣讀梵文，次由「證義」評量梵文，次由「證梵文」，聽譯主高讀梵文，以驗差誤，次由「筆受」翻梵文成華文，次由「綴文」連綴文字，使成文句。最後交「書寫」鈔錄——其翻經之情形大略如是，其謹嚴亦從可知矣！

奘師從太宗貞觀十九年開始，到高宗龍朔三年為止，凡十九年間，一直從事翻譯。先後共譯七十三部，一千三百三十卷④。翻譯經典之富，內容之廣，以及譯局規模之大，譯法之完備，堪稱空前之壯舉。不僅開國人譯經風氣之先例，並奠定我國譯經體例的基石。

二十三、九州衆生，飽餐妙法

奘師在翻譯期間，不敢稍棄寸陰。每日立下進度，如白日因事不能施行譯事，必利用夜間加以彌補。每日譯事至一更方停筆，然後更禮佛經行，至三更，暫眠一會，五更即便起身。首先，讀誦梵本，並用朱筆點出次第，作為明日翻譯的準備。日日如此不曾稍疏。奘師對譯事之審愼態度類皆如此。

在奘師譯出瑜伽師地論後，帝駕幸玉華宮。在觀覽瑜伽論後，見其內容奧妙詞義宏遠，實聞所未聞，不覺贊歎不已。就對左右侍臣說：「朕觀佛經，好像仰瞻青天俯視大海，莫測其高深。朕因軍國之事縈心，不及研尋佛教之理。如以儒道九流與之相比，就好像小池與渤海之相懸了。世俗人說三教齊一，實是妄談。」於是命令所司官吏，手寫新譯經論爲九部，分發九州，以便輾轉流通，使普天之下，莫不有緣得聞其義。這時司徒趙國公長孫無忌，中書令褚遂良等同奏道：「臣等聽說佛教玄奧，天人莫測，其思想深微廣博，不易入門。惟賴陛下聖德昭明，使法澤普被此方。擁護五乘（人乘、天乘、聲聞乘、緣覺乘、菩薩乘），建立三寶（佛、法、僧），故得法師以千載難逢之才，涉險萬里爲法忘軀，以求經論。歸國廣譯，精文奧義始得普溉中國，這都是陛下聖德所感。臣等預聞此事，欣見苦海衆生，有舟航可以寄託。又蒙皇上慈悲，使經教得以廣遠分布九州，天下衆生，都能飽餐妙法。臣等久刼難逢此盛，不勝欣幸之至。」太宗說道：「這是法師大慈悲願力與卿等宿福所修。非朕一人之力所能致的。」

二十四、御筆親書，作聖教序

太宗皇帝原已答應爲新譯經論作序。但因國事繁劇，未及著筆。此時，經奘師重新啓請，方執筆爲文，太宗文思甚敏，頃刻立就。命名大唐三藏聖教序，共七百八十一字，由御筆親書，敕令冠於衆經之首。聖教序大旨，除極力推崇佛法外，並稱譽奘師爲「法門之領袖」，其德則「松風水月未足比其清華，仙露明珠詎能方其朗潤」。其智則「智通無累，神測未形，超六塵而迥出，隻千古而無對。」太宗對奘師的讚揚，可說達於極點了。

聖教序文，後來弘福寺僧懷仁，集晉代大書家王羲之的字，把它刻在石碑上，是爲王羲之聖教序。當時負盛譽的書家褚遂良又以楷書寫聖教序，刻在石碑上，是爲褚遂良聖教序。這兩種碑帖，一直流傳至今，爲我國著名的法帖。

二十五、安奉經本，營造浮圖

高宗永徽三年，奘師建議大慈恩寺（此時譯事已由弘福寺遷到慈恩寺，是高宗在太子時爲紀念母后而建，故名慈恩寺）端門之陽，建石造的浮圖（佛塔），用以安置所帶回的經像。既可防經本散失，兼可預防火難。浮圖高三十丈，擬借此以顯出大國崇基，爲釋迦的古跡。奘師將營建的圖案附表奏聞。此時太宗已崩，在位者是高宗皇帝。帝敕使中書舍人李義府通報法師說：「師所計劃建造石塔的工程浩大，恐卒難完成。不如改用甎造，亦不願法師爲此大受辛苦。現已敕令大內東宮掖庭等七宮亡人衣物典當，助師成辦」。於是乃用甎造，仍改就西院，其塔基面各一百四十尺，倣效西域格式，不依照此方舊式。塔有五級，凡高一百八十尺，層層中心皆有舍利，或一千或二千，共一萬餘粒。塔最上層用石造室，南面有兩碑，刻二聖三藏聖教序，出自尚書右僕射河南公褚遂良之手筆。

二十六、建碑傳芳，顯揚佛法

顯慶元年春正月，帝爲皇太子忠設五千僧齋，並敕遣朝臣行香。當時有黃門侍郎薛元超，中書侍郎李義府，於參禮法師時問道：「翻譯經典，固是法門美事，未審更有何事，可以光揚佛法？」又問：「不知古來翻譯儀式如何？」法師答道：「法藏深奧，通達實難。然則，在佛門內，欲使佛法薪火相傳，則有賴於釋種（出家人）。對佛門外，護持法門，則屬於帝王。因此必須附託勝緣，方能廣益。漢魏兩朝，時代遙遠，未可詳論。自苻秦、姚秦以來，翻譯經論，除僧人主譯外；君臣讚助者，苻堅時，曇摩難提譯經，黃門侍郎趙政執筆。姚興時，鳩摩羅什譯經，姚王及安城侯姚嵩執筆。後魏菩提流支譯經，侍中崔光執筆及製經序。齊、梁、周、隋皆如是。貞觀初，波頗羅那譯經，詔敕左僕射房玄齡、趙郡王李孝恭、太子詹事杜正倫、太府卿蕭璟等監閱詳輯。惟今獨無此。又慈恩寺聖上爲文德聖皇后營建，壯麗輪奐，自古及今，無與倫比。惜未得建碑傳芳示後，顯揚之極，莫過於此，若公等能爲之上達此情，則可成其美矣。」

二公許諾而去，翌日上朝，遂爲法師陳奏。皇上皆一一允可。即頒詔敕曰：「大慈恩寺僧玄奘所翻經論，文義精審，宜令太子太傅尙書左僕射燕國公于志寧，中書令兼檢校吏部尙書來濟，禮部尙書許敬宗，中書侍郎杜正倫等。時爲看閱，文中有不穩便處，卽隨事潤色。」並敕遣內給事王君德來報法師云：「師須文人助翻經者，業已處分，不知稱師意否？」法師既奉綸旨，不勝悲喜流涕。翌日法師自率徒衆等詣朝堂，奉表陳謝。

二十七、譯經現瑞，李樹花開

奘師翻譯般若經時，瑞應頗多。大般若經，梵文原本有二十萬頌，文富義廣，學者多請加以刪略。奘師將順衆意，方作此念，夜夢中卽有極怖畏事以相警誡。於是乃宣佈於衆，還依廣翻，無得從簡。是夜，乃見諸佛菩薩眉間放光，照觸己身，心意怡適。奘師又自見手執華燈供養諸佛，或昇高座爲衆說法，多人圍繞，讚歎恭敬；或夢見有人奉己美果。覺而喜慶，不敢更刪，一如梵文。翻譯之時，文有疑錯，卽參閱多本以校訂之。每經慇懃省覆，方乃著文。審愼之心，自古無比。或文乖旨奧，意有躊躇，必感異境，似若有人授以明決，情卽豁然，若撥雲霧而見青天。如此悟處，不可勝數，並是諸佛菩薩所冥加。

當時，玉華寺主慧德及翻經僧嘉尙，其夜同夢見玉華寺內，廣博嚴淨，綺飾莊嚴，幢帳、華旛、伎樂盈滿寺中。又見無量僧衆，手執華蓋，前來供養大般若經。寺內衢巷牆壁，皆莊嚴以綺飾，地鋪名華，衆共履踐。至翻經院，其院倍加勝妙，如經所載，諸寶莊嚴土。又見奘師在中堂敷演大法。旣覩此現象，俱皆歡喜驚覺。共參奘師說所夢事。法師謂今正翻嚴淨佛土品，諸菩薩等，必有供養。

這時殿側有雙李樹正值花季已過，竟忽然開花，花發燦然。且每朶都是六片，顏色紅白滋榮，絢爛可愛，眞可謂稀有之瑞兆。時人均認爲六片，是代表六度（布施、持戒、忍辱、精進、禪定、般若）的表徵。

二十八、鎮國寶典，大品般若

龍朔三年，完成六百卷大般若經。奘師合掌歡喜，告徒衆說：「此經於此地有緣。今得完成，並是諸佛冥加，龍天擁護，這是鎮國之偉典，人天之瑰寶。」時玉華寺都維那寂照慶功畢，設齋供養。是日請經，從肅成殿往嘉壽殿齋所講讀。僧衆慶賀功成，設齋供養。當迎經時，般若經放出異光，照燭遠近，並有異常香氣，散溢數里。大衆共睹靈異，倍增嘉慰。

二十九、浮圖崩塌，奘師示寂

奘師在翻般若經時，每慮人命無常。就常對諸僧說：「玄奘今年六十有五，不日無常卽到。」自翻成般若經後，自覺身力漸衰，知無常已近。就對門人說：「譯事既畢，玄奘責任已了，生命亦將盡。若一旦無常來臨，辦理後事，宜從儉省。只須一條竹蓆，裹送山澗僻處安置，勿近宮寺。此不淨之身，該當遠屏爲是。」門徒等驟聞師語，無不哽咽。既而又各收淚，啓稟其師說：「和尚氣力尚可，顏貌不殊往日，因何忽出此言。」奘師說：「吾之體力精神，吾自知之，你們如何能知？」

某日，有弟子高昌僧玄覺，向奘師陳述夜夢境界：「弟子夢見有一浮圖端嚴高大，忽然崩倒。」奘師說道：「這是吾將滅謝的徵兆！」某夜，奘師夜夢見有白蓮華，大如圓盤，顏色鮮潔可愛。又某夜夢見百千人，道貌莊嚴高大，將妙華珍寶，莊嚴奘師臥房，及譯經院內外。院後山嶺林木，悉豎幢旛，五彩繽紛，並有音樂伴奏。不久奘師示有微疾，某日夜半，見有二人，各長一丈許，共捧一白蓮花，如小車輪。花有三重，葉長尺餘，光淨可愛。携至師前，對師說道：「師從無始劫已來，所有煩惱有情（凡一切有生命者稱之，有情，卽汎指有情衆生而言）諸惡業，藉此小病苦痛，並皆消除。」奘師顧視，合掌良久，遂舉右手攳（音ㄓ，支也）頤。次以左手伸左膝上，舒身重疊二足右脇而臥。直到臨終竟不轉身，亦不飲食。弟子問道：「和尚決定得生彌勒內院否？」奘師報稱：「得生。」言罷，氣息漸微，從足漸冷，最後頂煖，顏色赤白，怡悅勝過平日，經七日七夜竟無改變，亦無異氣。蓋一生精勤修持，素有深厚之戒定慧力之徵驗也。

三十、白虹四道，自北亘南

慈恩寺僧明慧業行精苦，於奘師入滅之夜，夜半時旋繞佛堂行道。見北方夜空有白虹四道，從北亘（ㄍㄣ，延伸）南，皎潔分明，心中疑怪。繼念如來滅度，有白虹十二道，從西方直貫太微。今現此相，將必有得道高僧入滅無疑。繼而果然。

奘師形長七尺餘，身赤白色，眉目疎朗，端嚴若神，俊秀如畫，音詞淸遠，言談雅亮，聽者無倦。或處徒衆，或對嘉賓，一坐半朝，身不傾動。行步雍容，直前而視，輒不顧眄（目光正視不苟）。滔滔焉若大江之流行，灼灼焉類芙蕖之在水。加以戒範端明，始終如一。性愛樸簡，不好交遊。一入道場，非朝命不出。

奘師亡後，西明寺道宣律師有感神之德。某日，見有神現，因問古來傳法之僧，德位高下，並問及奘師。神答說：「自古諸師解行，互有短長，而不一準。且如奘師一人，九生已來，備修福慧，生生之中，多聞博洽，聰慧辯才，自古及今，罕有其匹。其所翻諸經，文質相兼，無違梵本，實乃法門之幸。」據此而言，法師高才懿德，惟神明知之，又豈是凡情所能測度。

三十一、闇室炬滅，國失瑰寶

奘師示疾時，帝敕中御府遣醫生張德志等，帶藥急赴，及至，奘師已終，醫藥不及。房州刺史報奏法師已亡。帝聞報，哀慟傷感，爲之罷朝，歎道：「朕失國寶矣！」當時文武百僚，莫不悲哽流涕。帝言已嗚咽，悲痛不能自勝。翌日，又對羣臣說道：「朕失奘師，不僅釋衆之梁木摧折，即四生（卵生、胎生、濕生、化生，四生表一切衆生）亦無導師矣。是何異苦海中失舟檝，闇室中熄燈炬。」言畢嗟惋不已。帝又叠下恩詔，關照奘師喪事所需，並交代譯事善後事宜。出殯那日，門人遵照遺命，以粗竹蓆爲輿，奉神柩還京，安置慈恩寺翻經堂內。弟子數百人哀號動地，京城道俗，奔赴哭泣，日數百千人。四月十日，將葬東都內，京城僧尼及諸士庶，共參殯送之行列。素蓋、旛幢、帳輿等佈之街衢，連雲接漢，悲笳悽惋，響徹雲霄。而京都及諸州五百里內，送者百餘萬人。雖喪事華整，而法師神柩，仍以粗竹爲輿。東市絹行用繒綵三千疋，結作涅槃輿，兼以華珮莊嚴，極其殊妙。請安法師神柩，門徒等恐虧師素志，因止不納。乃以法師三衣，及國家所施百金之衲，置之前行。粗竹車輿次其後。觀者莫不流淚哽塞。是時，天地變色，鳥獸哀鳴。物感既然，人悲可悉。

玄奘大師遺骨，在唐高宗總章二年四月八日，徙葬西安，並建塔一座，供奉遺骨。後來，在唐末黃巢之亂，塔壞遺骨不知遺落何處。宋太宗年間，終南山可政比丘，在紫閣寺發現奘師頂骨。宋仁宗時，被遷至南京。民國三十一年，抗戰期間，南京陷落，日軍在南京中華門外，雨花臺附近砲台下五尺許，掘出玄奘大師頂骨。

頂骨置於一石匣中，匣中盛五色骨珠十七粒。其後將它分作三份：一份在南京玄武湖五洲，建塔供養；一份送到北平，建塔供養；一份由日人帶回，供養於東京慈恩寺。中央政府遷臺後，民國四十年世界佛教友誼會召開於日本東京，我國出席大會代表與日本幾經交涉；終於民國四十四年將玄奘大師部份靈骨接回，先供奉於善導寺中，後又在日月潭興建玄奘寺，以供奉靈骨。彼處山光水色，可謂地靈人傑，中外人士，每年來此觀光參禮者絡繹不絕。

附註

① 一、聲明：語言文字學，二、工巧明：陰陽曆數及百工技藝，三、醫方明：醫學、藥學，四、因明：邏輯學，五、內明：佛學、內典，以上五種爲以前印度內外學者都須明瞭的學問。

② 由前生所作種種惡業，致生今生種種障礙。故曰業障。

③ ㈠遍計執：以意識心，周遍計度而起固執之見如：夜間執蔴爲蛇。㈡依他起性：「依」者依仗，「他」者諸法，不知諸法仗因託緣而起，因執爲自性。如：繩無自性，因蔴而生。㈢圓成實性：圓滿成就眞實之性如：蔴非繩之自性：蔴性亦空（諸法均無自性，因都由因緣所生故）

④ 奘師所譯大小乘經論甚夥，其中大乘經有解深密經、大般若經等。論有瑜伽師地論、顯揚聖教論、辨中邊論、攝大乘論、成唯識論、唯識二十論、三十論、因明正理論等。小乘有大毘婆娑論、俱舍論等。從上可知奘師所譯主要以法相宗之典籍居多。

『中國歷代經典寶庫』《青少年版》出版的話

一個中國古典知識大衆化的構想

◉高上秦

許多討論或研究中國文化的學者，大概都承認一樁事實：中國文化的基調，是傾向於人間的；是關心人生，參與人生，反映人生的。我們的聖賢才智，歷代著述，大多圍繞著一個主題，治亂興廢與世道人心。無論是春秋戰國的諸子哲學，漢魏各家的傳經事業，韓柳歐蘇的道德文章，程朱陸王的心性義理；無論是貴族屈原的憂患獨歎，樵夫惠能的頓悟衆生；無論是先民傳唱的詩歌、戲曲、村里講談的平話、小說……等等種種，隨時都洋溢著那樣強烈的平民性格、鄉土芬芳，以及它那無所不備的人倫大愛；一種對平凡事物的尊敬，對社會家國的情懷，對蒼生萬有的期待，激盪交融，相互輝耀，繽紛燦爛的造成了中國。平易近人、博大久遠的中國。

可是，生爲這一個文化傳承者的現代中國人，對於這樣一個親民愛人、胸懷天下的文明，這樣一個塑造了我們、呵護了我們幾千年的文化母體，可有多少認識？多少理解？又有多少接觸的機會，把握的可能呢？

一般社會大衆暫且不提，就是我們的莘莘學子、讀書人，受了十幾年的現代教育以後，究竟讀過幾部歷代的經典古籍？瞭解幾許先人的經驗智慧？當年林語堂先生就曾感嘆過，現在的大學畢業生，連「中國幾種重要叢書都未曾見過」，遑論其他？

特別是近年以來，升學主義的壓力，耗損了廣大學子的精神、體力；美西文明的風行，導引了智識之士的思慮、習尚；電視、電影和一般大衆媒體的普遍流通，更造成了一個官能文化當道，社會價值浮動的生活形態。美國學者雷文孫所說的當代世界是一個「沒有圍牆的博物館」，固然鮮明了這一現象，但眞正的問題，却在於我們的根性尚未紮穩，就已目迷五色的跌入了傳播學者所批評的「優勢文化」的輻射圈內，失去了自我的特質與創造的能力。

何況，近代的中國還面對了內外雙重的文化焦慮。自內在而言，白話文學運動固然開發了俚語俗言的活力，提升了大衆文學的地位，覺悟到社會羣體的知識參與力，却相對的減損了我們對中國古典知識的傳承力；以往屬於孩童啓蒙的「小學」教育，屬於讀書人必備的「經學」常識，都在新式教育的推動下，變得無比艱澀與隔閡了。自外在而言，五四以來的西化怒潮，不斷開展了對西方經驗的學習，對傳統意識的批判，意興風發的營造了我們的時代感覺與世界精神，爲我們的現代化打下了一定程度的基礎；它也同時疾風迅雨般衝刷著中國備受誤解的文明，削弱了我們的文化認同與歷史根源，使我們在現代化的整體架構上模糊了著力的點，漫漶了精神的面。

將近五十年前，國際聯合會教育考察團曾對我國教育作過一次深入的探訪，在報告書中，一針見血的指出：歐洲力量的來源，經常是透過古代文明的再發現與新認識而而達至；中國的教育也理當如此，才能眞實發揮它的民族性與創造性。

事實上，現代的學術研究，也紛紛肯定了相似的論點。文化人類學所剖示的，每一個文化都有它的殊異性與持續性；知識社會學所探討的，一個文化的强大背景與典範人物，常常是新一代創造者的「支援意識」的能源；而李約瑟更直截了當的說，除了科技以外，其他文化的成果是沒有普遍性的。在這裏，當我們回溯了現代中國的種種內在、外在與現實的條件之餘，中國文化風格的深透再造，中國古典知識的普遍傳承，更成了炎黃子孫無可推卸的天職了。

「中國歷代經典寶庫」青少年版的編輯印行，就是這樣一份反省與辨認的開展。

在中國傳延千古的史實裏，我們也都看到，每當一次改朝換代或重大的社會變遷之餘，都有許多沈潛會通的有心人站出來，顚沛造次，心志不移的汲汲於興滅繼絕的文化整理、傳道解惑的知識普及——孔子的彙編古籍、有教無類，劉尙的校理衆書、編目提要，鄭玄的博古知今、遍註羣經；乃至於孔穎達的「五經正義」，朱熹的「四書集註」，王心齋的深入民衆、樂學教育……他們或以個人的力量，或由政府的推動，分別爲中國文化做了修舊起廢、變通傳承的偉大事業。

民國以來，也有過整理國故的呼籲、讀經運動的倡行；商務印書館更曾經編選印行了相當數量、不同種類的古書今釋語譯。遺憾的是，時代的變動太大，現實的條件也差，少數提倡者的陳義過高，拙於宣導，以及若干出版物的偏於學術界或知識份子的需要；這一切，都使得歷代經典的再生，和它的大衆化，離了題，觸了礁。

當我們著手於這項工作的時候，我們一方面感動於前人的努力，一方面也考慮了當前的需求，從過去疏漏了的若干問題開始，提出了我們這個中國古典知識大衆化的構想與做法。

我們的基本態度是：中國的古典知識，應該而且必須由全民所共享。它們不是知識份子的專利，也不是少數學人的獨寵，我們希望它能進入到大衆的生活裏去，也希望大衆都能參與到這一文化傳承的事業中來；何況，這些歷代相傳的經典，又有那麼多的平民色彩，那麼大的生活意義——說得更澈底些，這類經典，大部份還是平民大衆自身的創造與表現。大家怎麼能眼睜睜的放棄了這一古典寶藏的主權呢？

爲此，我們邀請的每一位編撰人，除了文筆的流暢生動外，同時希望他能擁有古典的與現代的知識，並且是長期居住或成長於國內的專家、學者，對當前現實有一適當的理解與同情。在這基礎上，歷代經典的重新編撰，方始具備了活潑明白、深入淺出、趣味化、生活化的蘊義。

也是爲此，我們首先爲這套書訂定了「青少年版」的名目。我們也曾考慮過一些其他的字眼，譬如「國民版」、「家庭版」等等，研擬再三，我們還是選擇了「

青少年版」。畢竟，這是一種文化紮根的事業，紮根當然是愈早愈好。在最有吸收力、閱讀力的年歲，在最能培養人生情趣和理想的時候，我們的青少年朋友就能與這些清澈的智慧、廣博的經驗爲友，接觸到千古不朽的思考和創造，而我們所謂的「中國古典知識大衆化」，才不會是一句口號。

這也意味了我們對編撰人寫作態度的懇盼，以及我們對社會羣體的邀請。但願透過這樣的方式，讓中國的知識、中國的創作，能夠回流反哺，回到每一個中國家庭裏，使每一位具有國中程度以上的中華子民，都喜愛它、閱讀它。

我們深深明白中國文化的豐美，它的包容與廣大。每一時代，每一情境，都有不同的創作與反省；它們或驚或嘆、或悲或喜，或溫柔敦厚、或鵬飛萬里，雖然形式多端、訴求有異，却絲毫無損於它們的完美與貢獻。這也就確定了我們的選書原則：盡可能的多樣化與典範化。像四庫全書對佛典道藏的排斥，像歷代經籍對戲曲小說的貶抑，甚至多數人都忽略了的中國的科技知識、經濟探討、敎煌遺墨，都是我們所不願也不宜偏漏的。

就這樣，我們在時代意義的需求、歷史價値的肯定、多樣內容的考量下，從廿五萬三千餘册的古籍舊藏裏，歸納綜合，選擇了目前呈現在諸位面前的六十五部經典。這是我們開發中國古典知識能源的第一步，希望不久的將來，我們能繼續跨出第二步、第三步……

我們所以採用「經典」二字爲這六十五部書的結集定名，一方面是——說文解字所解釋的，「經」是一種有條不紊的編織排列；廣韻所說的，「典」是一種法，一種規則。它們的交織運作，正可以系統的演繹了中國文化的風格面貌，給出我們日常行爲的規範，生活的秩序，情感的條理。另一方面——也是採用了章太炎先生的說法：它們是「當代記述較多而常要翻閱的」一些書。我們相信，中國文化的恢宏壯麗，必須在這樣的襟懷中才能有所把握。

與這個信念相表裏，我們在這六十五部經典的編印上，不作分類也不予編號。這套經典對我們是一體同尊的，改寫以後也大都同樣親切可讀，我們企冀於提供的，是一套比較完備的古典知識。無論古代中國七略四部的編目，或現代西方科技分類的正名，都易扭曲了它們的形象，阻礙了可能的欣賞，這就大大違反我們出版這套書的諦旨了。

但在另一重意義上，我們却分別爲舊典賦予了新的書名，用現代的語言烘托原書的精神，增進讀者對它的親和力；當然，這也意味了它是一種新的解釋，是我們以現代的編撰形式和生活現實來再認的古典。

也是在這種實質的，閱讀的要求下，我們不得不對原書有所去取，有所融滙與變通。譬如，原典最大的「資治通鑑」，將近三百卷的皇皇巨著，本身就是一個雄偉的書中帝國，一般大衆實難輕易的一窺堂奥。新版的「帝王的鏡子」做了提玄勾要的梳理，形式也類同袁樞「通鑑紀事本末」的體裁，把它作了故事性的改寫，雖然字數濃縮了，却在不失原典題旨的照顧下，提供了一份非專業的認知。其他的部份經典，也有類似的寫法。這方面，歐美出版界倒有不少可供我們借鑑的例子。遠的不談，就以湯恩比的「歷史研究」來說，前六册出版了未及十年，桑馬威爾就爲它作了濃縮至六分之一的大衆節本，暢銷一時，並曾獲得湯氏本人的大大讚賞。我們的作法雖不必盡同，但精神却是一致的。

再如原書最少的老子「道德經」，這部被美國學者蒲克明肯定爲未來大同世界家喻戶曉的一部書，短短五千言，我們却相對的擴充、闡釋，完成了十來萬字的「生命的大智慧」。又如「左傳」、「史記」、「戰國策」等書，原有若干重疊的記述，經過編撰人的相互研討，各有删節，避免了雷同繁複。……由於歷代經典的繽紛多彩，體裁富麗，筆路萬殊，各編撰人曾有過集體的討論，也有過個別的協調，分別作成了若干不同的體例原則，交互運用，以便充分發皇原典精神，又能照顧現實需要，爲廣大讀者打出一把把邁入經典大門的鑰匙。

無論如何，重新編寫後的這套書，畢竟仍是每一位編撰者的心血結晶，知識成果。我們明白，經典的解釋原有各種不同的學說流派，在重新編寫的過程裏，每一位編撰者的參酌採用，個人發揮我都寄寓了最高的尊重。

除了經典的編撰改寫以外，我們同時蒐集了各種有關的文物圖片千餘幀，分別編入各書。在這些「文物選粹」中，也許更容易讓我們一目了然的感知到中國：那樣樸素生動的陶的文化，剛健恢宏的銅的文化，溫潤高潔的玉的文化，細緻優美的瓷的文化；那些刻寫在竹簡、絲帛上的歷史，那些遺落在荒山、野地裏的器物；那些意隨筆動的書法，那文章，那繪畫……正如浩瀚的中國歷代經典一般，那一樣不足以驚天地而泣鬼神？那一樣不是先民們偉大想像與勤懇工作的結晶？看起來，它們是一幅幅獨立存在的作品，一件件各自完整的文物，然而它們每一樣都代表了中國，都煥發出中國文化緜延不盡的特質。它們也和這些經典的作者一樣，是彼此相屬、相生、相成的。

這套書，分別附上了原典或原典精華，不只是强調原典的不可或廢，更在於牽引有心的讀者，循序漸進，自淺而深。但願我們的青少年，在舉一反三、觸類旁通之餘，更能一層層走向原典，去作更高深的研究，締造更豐沛的成果；上下古今，縱橫萬里，爲中國文化傳香火於天下。

是的，我們衷心希望，這套「中國歷代經典寶庫」青少年版的編印，將是一扇現代人開向古典的窗；是一聲歷史投給現代的呼喚；是一種關切與擁抱中國的開始；它也將是一盞盞文化的燈火，在漫漫書海中，照出一條知識的，遠航的路——

也許，若干年後，今天這套書的讀者裏，也有人走入這一偉大的文化殿堂，與先聖先賢並肩論道，弦歌不輟，永世長青的開啓著、建構著未來無數個世代的中國心靈！

歷史在期待。

（民國六十九年歲末於臺灣臺北）

附記：雖然，編輯部同仁曾盡了最大的力氣，但我們知道，這套書必然仍有不少缺點，不少無可避免的偏差或遺誤。我們十分樂意各界人士對它的批評、指正，這不僅是未來修訂時的參考，也將是我們下一步出版經典叢書的依據。

【開卷】叢書古典系列

中國歷代經典寶庫 高僧傳（上）

編撰者──熊琬
校對──熊琬・張守雲
董事長
發行人──孫思照
總經理──莫昭平
總編輯──林馨琴
出版者──時報文化出版企業股份有限公司
10803台北市和平西路三段240號三樓
發行專線──（02）2306-6842
讀者服務專線──0800-231-705・（02）2304-7103
讀者服務傳眞──（02）2304-6858
郵撥──19344724 時報文化出版公司
信箱──台北郵政79～99信箱
時報悅讀網──http://www.readingtimes.com.tw
電子郵件信箱──liter@readingtimes.com.tw

印刷──盈昌印刷股份有限公司
袖珍本50開初版──一九八七年元月十五日
三版十刷──二〇一一年三月二日
袖珍本59種65冊
定價新台幣單冊100元・全套6500元

⊙行政院新聞局局版北市業字第八〇號

ISBN 957-13-1167-7

國立中央圖書館出版品預行編目資料

高僧傳，袈裟裡的故事／熊琬編撰，--二版，
--臺北市：時報文化，1994[民83]
冊；公分，--(開卷叢書古典系列)(中國
歷代經典寶庫；40,)
ISBN 957-13-1167-7(上冊；平裝)

1.僧伽--中國--傳記　2.佛教--中國--
傳記

229.3　83004527